現場で使える

基準と
実務の違いが
わかる！

藤原 常烈 著
FUJIWARA TSUNEYASU

の

教 科 書

秀和システム

はじめに

　この本は、 2016 年に刊行された『現場のための実践!税効果会計～知らなきゃハマる実務のツボ～』のリニューアル版です。

　早いもので、 刊行から 6 年がたってしまいました。 その間、 税効果会計の基準に大きな改正はありませんでしたが、 経理実務の現場では大きな変化を感じています。 具体的には、 繰延税金資産の回収可能性の判断に対する監査の厳格化です。 監査厳格化の大きなきっかけの一つが東芝の不正会計であり、2021 年 3 月期から導入された「監査上の主要な検討事項（Key Audit Matters:KAM）」だと思っています。 監査法人が作成する監査報告書上において、KAM の記載が強制適用となり、 業績の悪い企業においては、 ほぼ全ての企業で繰延税金資産の回収可能性の判断が挙げられており、 税効果会計こそが監査上の最重要項目と言っても過言ではありません。

　税効果会計は、 企業の戦略そのものである利益計画から大きな影響を受けます。 さらに繰延税金資産の回収可能性の判断による金額的な影響も大きく、 多額の損失が発生することは珍しくありません。 経理の現場では、 税効果会計の計算だけでなく、 利益計画を含めた繰延税金資産の回収可能性の判断について理路整然と説明できる必要があります。 税効果会計を任されることは、 経理担当者として一人前になった証だと言えるでしょう。

　税効果会計では、 会計基準そのものの理解はもちろんですが、 それ以上に現場での経験が重要です。 前著を書いた際の「理論だけを学んでも、 現場での経験がなければ活きた知識にならない」という考えは現在でも変わっていません。 この本では、 できる限り現場のリアルな姿を伝えたいと思っています。

　　・現場で使っている言葉を使うこと
　　・会計基準からの引用を必要最低限にしてわかりやすく伝えること
　　・自分の見解を言い切ること

　以上のポイントを意識したうえで、 税効果会計の現場を通して、 税効果会計の怖さ、 難しさ、 仕組みやロジックを伝えることができればと思っております。

　本書を手に取ってくださった方が、 税効果会計で失敗することがなく、 現場で大いに役立てられることを強く願っています。

2022 年 12 月　藤原常烈

現場で使える
税 効 果 会 計
の
教科書
contents

第6章　個別財務諸表での税効果会計の個別論点

第10章　税効果会計と減損会計の密接な関係

税効果会計の
基礎的な用語の解説

1 税効果会計の基本用語

第1章

● 基礎的な用語のおさらいと解説

　この本では税効果会計が必要な理由や、何が難しくて、なぜ怖いのかについて解説をしますが、理解を深めるためにも、まずはざっと税効果会計に関する基礎的な用語を解説していきたいと思います。

● 繰延税金資産 (くりのべぜいきんしさん)

　繰延税金資産は英語にすると「**Deferred Tax Asset**」なので、よく**DTA**と略されます。まずは、会計基準に書いてある繰延税金資産の定義を確認してみましょう。

> 繰延税金資産は、将来の法人税等の支払額を減額する効果を有し、一般的には法人税等の前払額に相当するため、資産としての性格を有するものと考えられる。
>
> 引用元：税効果会計に係る会計基準の設定に関する意見書

　税効果会計に係る会計基準にもあるように、繰延税金資産は前払いに例えられることが多いのですが、個人的には**「税金の割引券」**というのが正確だと思っています。というのは、割引券と同じように、繰延税金資産は使わない限り価値がないからです。「繰延税金資産を使う」とは、「将来、利益を出して税金を払う」ということです。税金を払う際に、繰延税金資産の金額と同じだけ、税金を減らすことができます。

　そして次の大切なポイントは、有効期限があることです。これが割引券に例える最大の理由です。

　割引券は有効期限以内に使わないとただの紙切れになってしまいます。**繰**

12

延税金資産の有効期限は、繰越欠損金の繰越期間である10年です。

　おさらいすると、繰延税金資産とは税金の割引券で、大事なポイントはこの二つです。

・使わないと価値がない
・有効期限がある

● 繰延税金負債（くりのべぜいきんふさい）

　繰延税金負債を英語にすると「**Deferred Tax Liability**」なので、こちらは**DTL**と略されます。繰延税金負債は、**税金の未払いや繰り延べ**に例えられます。未払いには期限がないので、回収可能性の判断は不要です。全額計上対象になります。

● 回収可能性の判断（かいしゅうかのうせいのはんだん）

　繰延税金資産の**回収可能性の判断**は、なぜ必要になるのでしょうか？

　財布にパンパンに入っている、使うかわからないけどとりあえずもらっておいた割引券を想像してください。ポイントカードでも構いません。おそらくそのほとんどはゴミになるはずです。

　それに対して、絶対に使うお店の割引券だけを厳選して財布に入れている場合はどうでしょうか。使うことが決まっていれば、割引券も、お金とほぼ同じ価値があります。

　繰延税金資産は、現金と同じように**BS（貸借対照表）**に計上されます。し

かし、使われずにゴミになっている割引券が、現金と同じと思う人はいないはずです。むしろ、割引券だらけのBSであれば恐怖を覚えるのではないでしょうか。だからこそ、ゴミになる割引券を捨てて、使う割引券だけ残す。これこそが、繰延税金資産の回収可能性の判断の意味するところです。

● 法人税等調整額 (ほうじんぜいとうちょうせいがく)

法人税等調整額の定義は以下のとおりです。

> 繰延税金資産と繰延税金負債の差額を期首と期末で比較した増減額は、当期に納付すべき法人税等の調整額として計上しなければならない。
>
> 引用元：税効果会計に係る会計基準

　法人税等調整額は、**期首と期末の繰延税金資産・負債の増減額**で、税金費用（もしくは税金費用のマイナス）として **PL（損益計算書）** の「法人税、住民税及び事業税」の下に表示されます。

　例えば、繰延税金資産が期首100あったとします。繰延税金資産の回収可能性の判断の結果、取り崩しで期末10となった場合には、法人税等調整額90が税金費用になります。

　一方で、繰延税金資産が期首10に対して、期末20の場合には法人税等調整額△10が税金費用のマイナスになります。

　つまり、**税金費用の増減を表す勘定科目**で、繰延税金資産が減れば税金費用が増加し、繰延税金資産が増えれば税金費用が減少する関係にあるのが法人税等調整額です。

● 企業の分類 （きぎょうのぶんるい）

　繰延税金資産の回収可能性を判断するための指針が、**企業の分類**です。**企業会計基準適用指針第26号「繰延税金資産の回収可能性に関する適用指針」**（本書では**「回収可能性適用指針」**）では、企業を過去の業績に基づいて5つに分類し、それぞれの分類で、どれだけ繰延税金資産を計上できるかを決めています。

　回収可能性の判断方法は、ざっくり言えば「将来の利益（課税所得）を予想して、税金を減らす効果がある分だけ繰延税金資産を計上する」というものです。

　しかしながら、将来どれだけ利益が出るか、それが正確にわかる人はいません。なので、日本の税効果会計の基準では、誰が見ても客観的な数字である**「過去の業績」に基づいて、繰延税金資産の回収可能性を判断**することにしたのです。

● スケジューリング （すけじゅーりんぐ）

　スケジューリングとは繰延税金資産の回収可能性の判断のために、会計と税務の差異がどのタイミングで解消（税金の回収または支払い）するかを見積もって、スケジュールを作成することです。

　スケジューリングでは、何年先まで見積もっていいかがポイントになります。そして長い期間を見積もるほど、繰延税金資産を多く計上できます。

　どれだけの期間を見積もれるかを**「将来の合理的な見積可能期間」**と言います。実務では、スケジューリング可能期間と呼んだりします。スケジューリング可能期間は、前項〈企業の分類〉で述べた5つの分類によって異なります。

● 会計と税務の差異 (かいけいとぜいむのさい)

　会計上の利益と税務上の課税所得は一致しません。その不一致を、**会計と税務の差異**と呼びます。税効果会計の目的は、この差異を調整することにあります。

　会計と税務の差異は、次に説明する**一時差異と永久差異**に分けられます。税効果会計の対象となるのは一時差異です。さらに一時差異は、**将来減算一時差異と将来加算一時差異**に分けることができます。

● 将来減算一時差異 (しょうらいげんさんいちじさい)

　名前のとおり、**将来のいずれかの期間で税務上減算される一時差異**です。もう少し補足すると、当期は加算されたので税金の支払いが増えたが、将来のいずれかの期間で減算されることで将来の税金の支払いを減らす効果があります。将来減算一時差異に実効税率をかけると、**繰延税金資産**になります。

　日本の税務では加算項目が多いので、ほとんどが将来減算一時差異になります。あらゆる引当金、評価損、減損などが該当します。ほうっておくと繰延税金資産が多額に計上されることになるので、回収可能性の判断が実務での大きな論点になります。

● 将来加算一時差異 (しょうらいかさんいちじさい)

　将来減算一時差異とは逆に、当期は減算されたので税金の支払いを減らしたが、将来のいずれかの期間で加算されることで、**将来の税金の支払いを増やす一時差異**です。当然のことながら、税金の回収は早ければ早いほどいいの

で、日本の税務で将来加算一時差異はレアな存在です。将来加算一時差異に実効税率をかけると、**繰延税金負債**になります。

名前が長いので、本書では、将来減算一時差異と将来加算一時差異を区別せず、全て**「一時差異」**と表現しています。

● 永久差異 (えいきゅうさい)

名前のとおり、**永久に解消しない差異**です。交際費、寄付金、受取配当金などが該当します。税金の前払いにも、未払いにもならないので、繰延税金資産の対象にはなりません。

● 繰越欠損金 (くりこしけっそんきん)

欠損金は、法人税を計算する際の課税所得計算において、**課税所得が赤字である場合の金額**のことです。欠損金は、将来に繰り越して、将来発生した課税所得（黒字）と相殺することができます。法人税法の規定に基づき、繰り越している過去の欠損金のことを**繰越欠損金**といいます。

税効果会計では、繰越欠損金は、一時差異と同様に取り扱うものとされており、前述の一時差異と繰越欠損金をあわせて、**「一時差異等」**といいます。税効果会計に関連する会計基準を読んでいると「一時差異等」と記載されている場合がほとんどです。「等」は、繰越欠損金のことを指しています。

繰延税金資産の回収可能性の判断においては、繰越可能期間内である10年以内に繰越欠損金が使い切れるかどうかが、非常に重要な判断基準になります。

● 評価性引当額 (ひょうかせいひきあてがく)

　評価性引当額は、**繰延税金資産のうち回収可能性がないと企業が判断した金額**のことです。「評価性引当額を計上する」と「繰延税金資産を取り崩す」は同じ意味です。

　また、評価性引当額は**税効果会計で要求される注記の対象**です。 BS では評価性引当額を計上した後の繰延税金資産の純額（取り崩した後の金額）が計上されますが、注記では、

①評価性引当額を計上する前の総額（取り崩す前の金額）
②評価性引当額の金額（取り崩した金額）
③評価性引当額を計上した後の繰延税金資産の純額（取り崩した後の金額）

　の3つが必要となります。

● 法定実効税率（ほうていじっこうぜいりつ）と表面税率（ひょうめんぜいりつ）

　法定実効税率は、たいてい省略して**実効税率**と呼ばれるので、本書でも実効税率としています。

　税効果会計の対象となる税金は、**①法人税**、**②住民税**、**③事業税**の三つです。この三つに共通するのは、企業の利益に応じて税額が決まる点です。

　利益には、会計上の利益と税務上の課税所得の二つがあります。

　実効税率は、会計上の利益にかけるための税率で、

「会計上の利益×実効税率＝税金の理論値」

になります。また、一時差異にかけることで、繰延税金資産・負債を計算します。

　表面税率は、税務上の課税所得にかけるための税率で、

「課税所得×表面税率＝税金の実支払額」

です。一般的に税率と言えば、表面税率を意味します。

　事業税だけは支払ったタイミングで税務上の損金になるので、実効税率は、表面税率よりも低くなります。

資産負債法と繰延法

資産負債法 (しさんふさいほう) と繰延法 (くりのべほう)

　基本的な用語の中ではここだけ少し難しいので、しっかり見ていきましょう。税効果会計を正しく理解するためには押さえておきたいポイントです。

　一応、両方の定義を載せますが、同じことを言っているように見えるため、初見ではほとんど違いを理解できないと思います。

資産負債法と繰延法の定義

（1）　資産負債法

　　資産負債法とは、会計上の資産又は負債の額と課税所得計算上の資産又は負債の額との間に差異が生じており、当該差異が解消する時にその期の課税所得を減額又は増額する効果を有する場合に、当該差異（一時差異）が生じた年度にそれに係る繰延税金資産又は繰延税金負債を計上する方法である。

（2）　繰延法

　　繰延法とは、会計上の収益又は費用の額と税務上の益金又は損金の額との間に差異が生じており、当該差異のうち損益の期間帰属の相違に基づくもの（期間差異）について、当該差異が生じた年度に当該差異による税金の納付額又は軽減額を当該差異が解消する年度まで、繰延税金資産又は繰延税金負債として計上する方法である。

引用元：「税効果会計に係る会計基準の適用指針」89項

資産負債法について

　現在の税効果会計では、**資産負債法を採用**しています。私も知らないのです

が、繰延法は税効果会計基準ができる前の税効果の実務で使われていたそうです。

　資産負債法が重視しているのは**BS**です。大事なのは、将来、繰延税金資産がいくら税金を減額させるのか、要は**減額効果で測定される時価**です。

　繰延税金資産の時価を測るためには、繰延税金資産が将来お金に変わるときの税率を使う必要があります。なので、将来の税率が変更されれば、変更が決まったタイミングで繰延税金資産の金額も増減します。

　また、時価を測るために、**繰延税金資産の回収可能性の判断も必須**です。使う予定のない繰延税金資産に、価値はないからです。

● 繰延法について

　一方で、繰延法が重視しているのは**PL**です。大事なのは、**当期の損益と税金費用の対応関係**です。そのために、税引前利益に実効税率をかけた数字が、当期の税金費用になるように調整します。実効税率が30%の場合には、「税金費用／税引前利益＝30%」になります。

　当期の損益と税金費用を対応させるには、税金を払うときの税率を使う必要があります。将来の税率を使うと対応関係が崩れてしまいます。

　さらに、**回収可能性の判断も不要**です。繰延税金資産を取り崩してしまうと、これまた対応関係が崩れてしまうからです。

　繰延法の定義では、**期間差異**という言葉が出ていきます。実際のところ、一時差異と期間差異の範囲はほぼ一致します。期間差異に該当する項目は、全て一時差異に含まれます。

違いとしては、有価証券や繰延ヘッジ損益の評価替えによって、直接純資産の部に計上された評価差額は一時差異ですが、期間差異ではありません。損益に影響しないからです。

資産負債法と繰延法では、**一時差異と期間差異の違いから、繰延税金資産を計上する範囲が異なる**ことになります。

以上をまとめると次のようになります。

▼資産負債法と繰延法のまとめ

	資産負債法	繰延法
基本的な考え方	BS 重視 繰延税金資産は時価で計上する。	PL 重視 時価評価しない。
税効果会計の対象とする会計と税務の差異	一時差異	期間差異
適用する税率	一時差異が解消される期の税率	期間差異が発生した期の税率
回収可能性の判断	必要	不要

第2章

税効果会計が
最も恐ろしい理由

そもそも税効果会計はなぜ必要か?

● 税効果会計のデメリット

　税効果会計の最初のハードルは、仕組みを理解することです。仕組みがわかったら、次の壁は「これってそもそも必要?」という疑問です。

　税効果会計のデメリットは、いくらでも挙げることができます。

・数字を作るのが大変

　税務と会計の差異は大きく、差異の把握だけでも時間がかかります。加えて、税効果会計の計算は、決算の数字確定の最後の工程なので、時間の制約がとても厳しいです。限られた時間の中で複雑な計算をするため、ミスも起きやすくなります。

・繰延税金資産を計上したり取り崩したりで、業績の変動幅が大きくなる

　税効果会計の影響は巨額にのぼることが多く、赤字が黒字に、黒字が赤字に、さらには赤字が数倍に膨れ上がるといったことが普通に起こりえます。

・繰延税金資産の回収可能性の判断に主観が入る可能性がある

　将来の利益計画が基礎となるため、客観的な証拠を用意することが困難な場合があります。特に業績の悪い企業ほど、実現可能と思われる利益計画と、将来達成したい利益計画との間でのギャップが大きく、その間での落とし所を探る作業に終始することになります。

・監査法人への説明が難しい

　税効果会計の実務では、対監査法人への説明は避けて通ることができません。繰延税金資産の回収可能性の判断に主観が入る可能性がある以上、可

能な限り客観的かつ合理的な利益計画を作成し、説明できるように準備する必要があります。

　また、2021年3月期から監査法人の監査報告書上で、**KAM***について記載することが強制されました。KAMでは、業績の悪い企業においては、ほぼ全ての企業で繰延税金資産の回収可能性が挙げられており、監査上の最重要項目であるからこそ、監査も厳しい態度で臨まれます。

・税効果の注記を作るのが大変

　税効果の注記は、仕訳を作成するのと同じぐらいの工数がかかります。単体注記はそれほどでもありませんが、連結注記は子会社の数が多いほど割り切りが必要となります。ミスがなく完全に正確な注記はほぼ不可能と思ってもいいでしょう。

繰延税金資産の金額が間違っています

経常利益に影響ないよね？面倒だし好きにしていいよ

経常利益だけをよく見せたい企業にとっては、税効果はどうでもいい存在です。今ではだいぶ減りましたけどね。

---

* **KAM**　監査上の主要な検討事項（Key Audit Matters）

● 税効果会計の意義

それでもなぜ税効果会計が必要なのでしょうか?

もちろん、会計基準で正式に規定されているから従わざるをえない、というのが最も大きな理由でしょう。しかし、それ以外の理由について、私なりの考えを述べてみたいと思います。

まず、**税効果会計の目的**について、会計基準に記載されている文言を確認してみましょう。

> 　税効果会計は、企業会計上の資産又は負債の額と課税所得計算上の資産又は負債の額に相違がある場合において、法人税その他利益に関連する金額を課税標準とする税金（以下「法人税等」という。）の額を適切に期間配分することにより、法人税等を控除する前の当期純利益と法人税等を合理的に対応させることを目的とする手続である。

引用元「税効果会計に係る会計基準」

簡単に言ってしまえば、税効果会計の目的とは**「会計と税務の違いを調整すること」**と述べています。では、なぜ会計と税務の違いを調整することが必要なのでしょうか?　また、調整しない場合はどのような問題があるのでしょうか。

● 税金は企業努力でコントロールできる費用か?

いまではだいぶ薄れてきた考え方ですが、日本では**業績評価の指標**として、経常利益が最も重要視されていました。

しかし、会計基準のグローバルスタンダードとされている**IFRS（国際会計基**

準）では、経常利益だけが特別重要ということはありません。 IFRS は BS 主義ともいわれておりますし、BS 中心に考えると営業利益、経常利益といった段階利益よりも税金を支払った後の当期純利益（正確には包括利益）が最も重要という考えになります。

　日本では、税金は企業努力とは関係なく決まり、税金は決められた金額を支払うべきという感覚があります。だからこそ、税引後利益は企業努力の範囲外であるとし、経常利益が重要と考えられてきました。

　それに対して、海外では税金は企業努力そのものと捉えられています。海外の大企業であれば、税金を節約するための専門部隊を抱えていますし、経理部門の社内でのポジションも日本よりずっと高く評価されています。

　実際のところ、税金よりも高いコストは存在しません。それこそ、売上を伸ばすよりも税金を抑えるほうが、業績に良い影響を及ぼすこともあります。だからこそ、多くの企業は税金を抑えるためになりふり構わぬ努力をしています。

　税金を抑える努力、その代表例が、**タックスヘイブン*を利用した租税回避**です。 Google、Amazon、Apple など、あらゆるグローバル企業が、様々なスキームを考え、実行しています。

　日本では、ソフトバンクグループに対して、租税回避をしているという批判の声も上がっています。実際、倫理的にどうなのかという話はありますが、国際的な競争に負けないためにも必要な努力なのでしょう。

*タックスヘイブン 税率の低い、ないしは完全に免除される国や地域

● やはり避けては通れない税効果会計

さて、税金費用を企業努力そのものとした場合には、税効果会計はやはり必要という結論になります。というのも、税効果会計がないと企業努力の成果を測ることができないためです。

例えば、税金を低く抑えた場合には、大きく二つのケースが考えられます。一つは、「その期だけ一時的に税金が安くなるが、単に支払うべき税金を繰り延べただけ。翌期に繰り延べた分を支払う必要がある」というケースです。もう一つは、「繰延ではなく単純に税金が安くなる」ケースです。

税効果会計がない場合、どちらのケースでも税引後利益は同じ金額、つまり全く同じPLになります（図1-1）。

▼図1-1　税効果会計を適用していないPLの例

その期だけ税金が安くなるケース		これからもずっと安くなるケース	
税引前利益	1,000	税引前利益	1,000
法人税等	100	法人税等	100
税引後利益	900	税引後利益	900

しかし、企業として望ましいのはどちらのケースでしょうか？　当然、「単純に税金が安くなる」ですよね。

税効果会計を適用すれば、翌期税金が高くなるケースでは、**「法人税等調整額」**によって税金費用がプラスされます。これは、将来の税金を今現在の期に負担させることを意味します（図1-2）。

▼図1-2　税効果会計を適用しているPLの例

その期だけ税金が安くなるケース		これからもずっと安くなるケース	
税引前利益	1,000	税引前利益	1,000
法人税等	100	法人税等	100
法人税等調整額	200	法人税等調整額	0
法人税等合計	300	法人税等合計	100
税引後利益	700	税引後利益	900

第2章

　つまり、税効果会計がない場合には、将来の税額を織り込んだ正しい企業の税負担が反映されず、税引後利益が「**業績評価の指標とはならない**」という問題があるのです。

　もちろん経理実務の面からは、税効果会計はなくなってほしいと思います。会計基準で正式に規定されているから嫌でも従うしかない、というのが実情でしょう。

　しかしながら、それが閉鎖的な考えであることは間違いありません。GoogleやAppleといった圧倒的強者が税金を抑える努力をし、税引後を企業活動の成果としている以上、日本だけが「税金は企業の力ではどうにもできない、だから税効果会計はいらない」とは言っていられないのです。

● 日本で税効果会計を適用したPLの典型例

　ところで、日本の税制では、前述のように「その期だけ税金が安くなる」というケースはあまり多くはありません。「まず税金を多く払い、翌期以降に取り返す」ことがほとんどです。

　日本で税効果会計を適用した場合の、典型的なPLは図1-3のとおりです。

▼図1-3　日本で税効果会計を適用したPLの典型例

税引前利益	1,000
法人税等	500
法人税等調整額	△200
法人税等合計	300
税引後利益	700

　翌期に税金を取り返すため、「法人税等調整額」で税金費用をマイナスしています。その見合いの勘定科目が**繰延税金資産**になります。

　それにより、多額の繰延税金資産が計上される結果となり、繰延税金資産の評価で非常に辛い思いをすることになります。

2
第2章

たった一つのミスが致命的になる

● 会計も税務も知り尽くしている人はいない

　税効果会計は難しく、そして複雑です。税効果会計の計算をするには、会計上の取り扱いと、税務上の取り扱い、それぞれを理解したうえで、その差異を把握する必要があります。

　しかしながら、会計も税務も知り尽くしている人はほとんどいません。会計士と税理士で資格が分かれているように、会計士、税理士の得意分野は明確に分かれています。

　会計も税務も日本のルールだけ理解していればいいわけではなく、IFRSや国際税務などカバーしなければならない領域が多岐にわたります。

　それに加えて、税効果会計の怖いところは、必ずしも専門的知識の不足が原因となってミスをするとは限らないことです。むしろ、単純なミスのほうが傷口を大きくすることがあります。

● 単なる計算ミスが数億円の間違いに

　私は今まで、税効果会計でミスをしたことがないという人を見たことがありません。一つひとつの計算は単純でも、非常にたくさんの仮定や計算が積み上げられているので、ちょっとしたミスを見つけることが難しいからです。

　そして、積み上げる数字が大きいため、ミスをした場合の影響も大きくなりがちです。数字の転記ミス、計算式の抜け漏れ、足し算と引き算を間違えるといった単純なミスが、簡単に数億円の間違いにつながってしまうのです。

第2章

● 単純な仕訳にかかる膨大な工数

税効果会計の仕訳はとても単純です。

（借方）繰延税金資産／（貸方）法人税等調整額

税効果会計の仕訳は、ほとんどこれだけです。しかし、このたった一つの仕訳を計算するために膨大な工数をかけることになります。

さらに税効果会計を苦しくする要因として、締め切りが厳しいことが挙げられます。

税効果会計の計算が始まるのは、税引前利益が確定した後、つまり**決算数値を作るうえでの最終工程**になります。なので、前工程が遅れれば当然、税効果の計算を始めるのも遅れてしまいますが、最終の数字を固める日だけは遅らせることができません。決算の途中で、税効果会計とは全く関係のない数字の間違いを見つけた場合も、税効果会計はあらゆる数字の影響を受けるので、計算がやり直しになります。

繰延税金資産の取り崩しが企業の存続に影響を及ぼす

● 債務超過になったシャープの例

　単純な計算ミスの影響も大きいのですが、それ以上に影響が大きいのが、**繰延税金資産の回収可能性の判断**です。たった一つの環境の変化、状況の変化が、企業の存続にかかわることもあります。

　比較的古い例となってしまいますが、**シャープの事例**を挙げてみましょう。シャープで多額の繰延税金資産が取り崩されたのは、2012年3月期と2013年3月期です。そのときの有価証券報告書の業績等の概要には、それぞれ次のように記載されていました。

2012年3月期

　当連結会計年度の業績は、国内液晶テレビ市場における需要の急減、大型液晶パネルの需給悪化、太陽電池をはじめとする商品及びデバイスの大幅な価格下落等の影響もあり、売上高は 2,455,850 百万円（ 前年度比 81.3%）、営業損失が 37,552 百万円（ 前年度は 78,896 百万円の営業利益 ）、経常損失が 65,437 百万円（ 前年度は 59,124 百万円の経常利益 ）となった。

　また、大型液晶操業損失のほか、液晶事業の構造改革に伴う体質改善費用等の特別損失 185,960 百万円や、税制改正と業績悪化に伴う繰延税金資産の取り崩しにより、法人税等調整額を 115,523 百万円計上した。この結果、当期純損失は376,076 百万円（ 前年度は19,401 百万円の当期純利益 ）となった。

　　　引用元：シャープ株式会社　有価証券報告書-第118期（2011年4月1日-2012年3月31日）

　2012年3月期では、**繰延税金資産の取り崩し**の規模が、営業損失、経常損失を上回っています。2013年3月期では、営業損失、経常損失が拡大しているため、あまり目立っていないように感じますが、繰延税金資産の取り崩しから引き続き大きな損失が発生しています。

　2期間の合計では、1,755億円の繰延税金資産を取り崩しており、2013年3月期の時点でシャープの純資産額は1,348億円にまで減少していることから、純資産と比較しても繰延税金資産の影響が非常に大きいことがわかります。

　その後、シャープは2016年3月期に312億円の債務超過となり、鴻海精密工業の支援を受けることになりました。

● 子会社を売却して債務超過を免れた東芝の例

　こちらも少し古い例になりますが、2016年の不正会計発覚後の**東芝の事例**を引用します。東芝決算発表資料（2016年3月期）損益に関する説明を抜粋しました。

　東芝の不正会計は、その後の監査環境の厳格化に大きな影響を及ぼしており、税効果会計の実務がより難しくなるきっかけとなった事件だったと思っています。

> ［損益］
> 　原子力、TGCS、送変電・配電・太陽光等を中心に、年間で4,521億円の資産評価減を計上。また、16年度からの黒字転換を確実にすべく、構造改革費用1,461億円に加え、不採算案件の引当および棚卸資産の評価減1,414億円を計上。この結果、営業損益は過去最大の赤字となる▲7,087億円。
> 　当期純損益については、東芝メディカルシステムズの売却益3,752億円を非継続事業からの利益として計上したものの、東芝および連結子法人にかかる繰延税金資産の取崩し▲3,000億円により、過去最大の赤字となる▲4,600億円。
>
> 引用元：株式会社東芝　2015年度決算説明会資料

　ここで注目すべきは、**東芝メディカルシステムズの売却益3,752億円**と、それに匹敵する金額の**繰延税金資産の取り崩し▲3,000億円**です。2016年3月期末の純資産額は3,289億円であったため、仮に、東芝メディカルシステムズの売却益がなければ、繰延税金資産の取り崩しに耐えることができず、債務超過に陥っていたことになります。

これらの事例からわかることは、税効果会計は単なるいち会計基準では済まされないということです。繰延税金資産の取り崩しがなければ、優良子会社であった東芝メディカルシステムズを売却していなかった可能性もあります。

　つまり税効果会計は、企業の重要な意思決定、さらには企業そのものの存続に影響するほどの重要事項なのです。

税効果会計の計算方法

1
まずは漏れなく
一時差異を把握する

> ● 網羅性を確保するために「期末」ではなく「月次」で
> 意識して数字を見る

　税効果会計の計算の第一歩は、一時差異の把握です。そして、代表的な
ミスとして、**一時差異の拾い漏れ**があります。

　一時差異の拾い漏れは、そのまま繰延税金資産の計上漏れになり、そのミ
スが致命的になることがあります。すでにあるものが正しいかどうかは、すぐ
にわかるのですが、必要なものが漏れなく拾えているかどうかは、なかなか気
が付きません。ひどいときは数年経って、ようやく気づくこともあります。

　そして、会計と税務ではその性格上、非常に多くの差異が存在します。会
計基準は、企業の正しい実力を示すために、極めてロジカルに作られていま
す。一方で、税務というのは、いくら税金をとれるかが重要なので「結論あ
りき」であり、ロジックは二の次です。

　目的が全く違うので、会計と税務のルールが一致するはずがありません。そ
れゆえ、企業が何か新しいことをするたびに、会計上、税務上の検討が必要
となり、税効果の影響を考慮する必要が出てきます。

　そのため、一時差異の把握を期末にまとめて確認するのはできるだけ避け
るべきです。月次の段階でどれだけ潰せるかが重要であり、そのためには次
に挙げる事項が月次できっちりできている必要があります。

・BS項目の残高照合
・BS項目とPL項目の増減分析（前期末比較、前月末比較、前年同期比
　較など）

　BS項目の残高照合とは、試算表の残高とその根拠となる数字の一致を確認することであり、これは月次でしっかり完結しているべきです。

　というのは、一度でも内容が不明な残高がでた場合、その残高が毎月繰り越され、後でまとめて調査しても原因がわからなくなるからです。

　残高照合ができるということは、BS残高の内容が理解できているということであり、その結果、どんな一時差異が発生しているのかを把握することの助けになります。

　BS項目とPL項目の増減分析は、変化点をつかむうえでとても重要です。何か大きな増減があった場合、そこに新しい取引が発生している可能性が考えられます。新しい取引に対しては、会計上の検討、税務上の検討、そして税効果会計の検討が適切に行われているかを確認します。

　これらの月次での地道な検証作業は、税効果会計のために特別に実施するものではありません。月次や年度の決算が適切に行われているかをチェックするための、経理の基本動作です。網羅性を確保するための第一歩は、このような地道な検証作業であると考えています。

試算表から簡単に拾える一時差異

　試算表を見ればすぐに把握できる一時差異を確認しましょう。

　ここでの最大のポイントは、試算表を見るだけで一時差異の金額が把握できるように、**「勘定科目を適切に細分化する」**ことです。

　勘定科目は、大きく設定し過ぎると、中身を分解するのにとても時間がかかります。一方で、細かく設定し過ぎると、科目の選択をミスする、試算表が細かくなり過ぎて見づらいといった問題が考えられます。

その間でうまくバランスをとる必要があるのですが、次に挙げる科目については、「試算表残高＝一時差異」となることが多いため、試算表だけで数字がとれるようにしておくのが、一時差異の網羅性だけでなく、決算の手間の面からもおすすめです。

　もちろん、**補助科目の設定**でもかまいません。

・賞与引当金

・未払社会保険料（賞与引当金対応分）

・役員賞与引当金

・役員退職慰労引当金

・有給休暇引当金

・未払事業税、未収事業税

・その他引当金

　引当金関係は、「未払費用」で計上することも多いと思います。未払費用に含めた場合でも、補助科目を設定するなど、金額がすぐにわかるようにしておくと、後で集計する手間がなくなります。

　一時差異ではない永久差異でも、例えば交際費などは、試算表の科目をしっかり分けておきましょう。税金計算で調整が必要な項目は、**可能な限り専用の科目設定をすべき**です。

固定資産台帳を
適切に管理する

● リカバリー困難な固定資産の管理方法

最後に、日頃からきっちり管理しておかないとリカバリー困難になる一時差異の代表として、**固定資産**をとり上げたいと思います。

業種・業態にもよりますが、多くの企業にとって**固定資産が最も大事な資産**です。そして、管理に手間がかかります。現在の会計・税務では、**固定資産の管理**のために、固定資産台帳が何種類も必要になります。日本基準用と税務用の二つは多くの企業で必要ですが、IFRS適用企業では、IFRS用の台帳も必要になってきます。

固定資産台帳を複数持つ場合に、絶対にやってはいけないのが、「固定資産台帳に登録しない例外を作ること」です。固定資産の管理がうまくいかない原因の多くは、固定資産台帳に登録しないことです。

いまや、減価償却計算はエクセルで計算することが不可能と思えるほど難しくなっています。新定率法、新定額法の計算方法がすぐに出てくる人は、なかなかいないはずです。

固定資産台帳に登録しない例外として考えられるのは、次のようなケースです。

- ・試算表に資産計上をしたけど、固定資産台帳に入れていない
- ・減損損失を入れていない
- ・除却したけど入れていない
- ・資産除去債務を入れていない

台帳登録漏れが発生する主な原因が、決算の終わりごろにミスに気付いた

ので、「固定資産台帳に入れずに試算表だけで修正しました」というものです。修正を試算表だけで直してしまうと、たいてい次の決算から後悔します。減価償却費の計算は毎年累積して行われるため、台帳外の修正であっても毎年引き継ぐ必要がありますが、その引継ぎを忘れるというミスの原因になります。さらに引継ぎの数が多いほど管理不能になります。

　次に台帳から漏れやすいのが、**資産除去債務に係る固定資産**です。資産除去債務の割引率の見直しが行われた場合に発生した資産をエクセル対応してしまうことが多いのです。そもそも金利の変更にシステムが対応していないといった問題も考えられます。

　時間的に厳しい場合や、システム的な制約があるかもしれませんが、可能な限り、固定資産台帳に入れて、償却計算を回し直し、固定資産台帳と試算表が一致するように仕訳を入れるというステップを踏んでください。

　エクセル管理は、事故のもとです。

● 情報共有はできるだけなくす

　さて、全ての固定資産を台帳登録した次は、固定資産台帳と試算表が一致していることを確認しましょう。

　一致させるうえで重要なのは、「誰が見てもわかるようにする」ということです。誰が見てもわかるというのは、ここの数字とここの数字が一致していることを確認すればOKという状態にすることです。

　簡単なようですが、甘く見てはいけません。

　というのは、「ここの数字を一致させるには、固定資産台帳のこの数字と、エクセルシートのこの数字を足して、さらに重複しているこの数字を引く」

……冗談のようですが、これでようやく一致が確認できるというケースが非常に多いからです。

　追加で足す、追加で引くというのは、**全て固定資産管理の例外**だと思ってください。その例外を一つ作ることで、「情報共有」という最大の手間が発生します。例外があると担当者以外には理解できないので、部内や課内での情報共有が必要になります。情報を共有するには、

> メールを送る→読んでもらえない→声をかける→確認してもらう…
> 会議を開く→日程を調整する→なかなか人が集まらない→声をかける…

という、大変時間がもったいない手間が発生してしまうこともあります。

　そもそも、決算の忙しいときに情報共有などやっていられません。かといって、情報共有をしないことで、だれも間違いに気づかないといったミスが起きてしまうことは避けなければなりません。

第3章

なぜこんな状態になるまで
共有していなかったんだ!?
だいたい君は…

面倒だからと手間を省くと、結局余計に
時間がかかってしまうのは世の常です

だからこそ、最初から情報共有がいらないぐらい、誰でも一目見てわかるぐらいにしておくのが重要なのです。情報共有は後でいいと、作った本人にしか理解できないような仕上がりで放置してしまうのが最も危険です。

　「後で情報共有しよう」の「後で」は、一生来ません。

● 固定資産台帳と試算表を一致させるポイント

　試算表と固定資産台帳の一致を誰が見てもわかるようにするために重要なのは、これまた**勘定科目を適切に細分化する**ことです。

　BS科目で言えば、図3-1のようなケースは避けるべきです。科目の粗さが違うため、試算表と一致していることを確認するためにひと手間必要になってしまいます。

▼図3-1　[悪い例] 固定資産台帳と試算表の科目設定が違う

固定資産台帳 （科目が粗い）	試算表 （科目が細かい）
建物	建物
	リース資産（建物）
	資産除去債務（建物）
建物附属設備	建物附属設備
	リース資産（建物附属設備）
	資産除去債務（建物附属設備）
構築物	構築物
	リース資産（構築物）
機械装置	機械装置
	リース資産（機械装置）
車両	車両
	リース資産（車両）
土地	土地

　図3-1の試算表のとおり、リース資産と資産除去債務は、建物等の基本科目に含めず、資産別に科目設定したほうが後々便利です。なので、図3-1のケースでは、固定資産台帳の科目を細かく分けるとよくなります。

　次に、試算表のBS科目では図3-2のように、**減損損失累計額（資産別）**を設定してください。過去にどの資産をいくら減損したかは、すぐにわからなくなるので、取得価額からの直接減額は避けたほうがいいです。

▼図3-2　減損損失累計額の科目設定の例

避けるべき科目設定		望ましい科目設定	
建物	80	建物	100
建物減価償却累計額	△20	建物減価償却累計額	△20
		建物減損損失累計額	△20
計	60	計	60

　PL科目でも、図3-3のように減価償却費、減損損失、固定資産除却損、売却損、売却益について、**固定資産の増減明細の作成を意識して、資産別に設定**しましょう。例えば、減価償却費で1本しか科目設定がないと、後で資産別に分けるのが非常に苦しくなります。

▼図3-3　減価償却費と除却損の科目設定の例

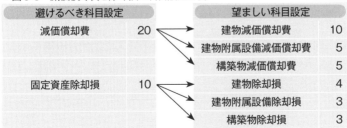

避けるべき科目設定		望ましい科目設定	
減価償却費	20	建物減価償却費	10
		建物附属設備減価償却費	5
		構築物減価償却費	5
固定資産除却損	10	建物除却損	4
		建物附属設備除却損	3
		構築物除却損	3

第3章

図3-3は、減価償却費と固定資産除却損の科目設定を例としていますが、減損損失や売却損益についても同じように、科目を分けて設定することが望ましいです。

● 科目設定の次は周知させる

　もちろん、科目設定だけでは不十分です。担当者ごとに違う科目を使ってしまうと、分けた意味がなくなります。固定資産であれば、**固定資産の科目に、「固定資産の増減以外の取引を入れない」ように注意する**必要があります。例えば、除却損に撤去費用を入れない、売却損益に手数料を入れない、などです。

　さらに、過去の固定資産の金額が誤っていて修正するときも、「雑損失」、「雑収入」は使用しない（除却損を使用する）、あるいは使用した場合でも金額がすぐにわかるようにしておきましょう。そうすることで、ようやく固定資産台帳と試算表の関連性が見える状態になります。

　とにかく、固定資産台帳と試算表の一致の確認は、月次、四半期、年度と定期的に必ず発生する作業です。その工数を削減することは、長い目で見れば大きな差になりますし、後工程である税効果会計の計算に大きな違いをもたらします。

　というわけで、固定資産の解説が長くなってしまいましたが、税効果会計の計算過程で事故が起きるというよりも、その前工程で事故っているケースが圧倒的に多く、その代表例が固定資産なのだと思っています。

3

第3章

複雑な実効税率の計算方法

● 実効税率とは

　一時差異を把握すれば、その一時差異に**実効税率**を乗じることで、**繰延税金資産の金額**が計算できます。実効税率について見ていきましょう。

　実効税率は様々な税金で構成されています。税効果会計の対象となる税金は、**利益を課税標準とする税金**であり、その対象は法人税、住民税、事業税です。

　実効税率の内訳のうち、地方税（法人住民税及び法人事業税）の税率は、各地方公共団体の条例によって決まります。なので、**標準税率**ではなく、独自に超過税率を規定している場合があります。

　超過税率は、資本金の額又は出資金の額が1億円を超える普通法人（外形標準課税法人）が対象です。

　さらに超過税率がある場合、実効税率の計算にひと手間必要になります。実効税率を計算するために登場する税金の種類と税率は、図3-4のとおりです。2023年3月期の東京都の税率を使用します。

▼図3-4　2023年3月期に適用される東京都の税率

	2023年3月期
法人税率	23.20%
地方法人税率	10.30%
法人住民税法人税割税率（超過税率）	10.40%
事業税所得割税率（超過税率）	1.18%
事業税所得割税率（標準税率）	1.00%
特別法人事業税率	260.00%

第3章

47

実効税率を計算する際には、事業税の損金算入の影響を考慮したうえで法人税、住民税および事業税の税率を合計します。これを計算式で示すと、次のようになります。

$$実効税率 = \frac{法人税率 + (法人税率 \times 住民税率) + 事業税率}{(1 + 事業税率)}$$

この計算式にあてはめる税率は、それぞれ次のように計算します。

・法人税率

法人税率（23.20%）をそのまま使いたいところですが、地方法人税率（10.30%）を考慮する必要があります。地方法人税は、課税標準を法人税額にする点が住民税と同じです。

$$法人税率 = 23.20\% \times (1 + 10.30\%) = 25.59\%$$

・住民税率

住民税率（10.40%）を使用します。住民税の課税標準は法人税額になるため、実効税率では計算式が（法人税率×住民税率）となっています。この計算式での法人税率では地方法人税は不要です。

・事業税率

特別法人事業税率は、課税標準を事業税所得割額としています。ここで注意が必要なのが、**使用する税率が超過税率でなく、標準税率である**点です。

標準税率（1.00%）と地方法人特別税率（260%）をかけると2.6%になります。事業税の超過税率（1.18%）に、先ほど計算した2.6を加えた3.78%が使用すべき事業税率になります。

　以上を計算式に当てはめると、次のとおり、実効税率が計算されます。

$$30.62\% = \frac{25.59\% + (23.20\% \times 10.4\%) + 3.78\%}{(1 + 3.78\%)}$$

● 税率が段階的に変わる際の注意点

　最近は変更されていませんが、少し前まで毎年のように税率が変更されている時期がありました。図3-5は、2016年～2019年の期間の実効税率です。税率は標準税率を使用しています。

▼図3-5　2016年3月期頃の適用税率

	2016年3月期	2017年3月期	2018年3月期	2019年3月期
法定実効税率	32.11%	29.97%	29.97%	29.74%
（内訳）				
法人税率	23.90%	23.40%	23.40%	23.20%
地方法人税率	4.40%	4.40%	10.30%	10.30%
住民税法人税割税率	12.90%	12.90%	7.00%	7.00%
事業税所得割税率	3.10%	0.70%	3.60%	3.60%
地方法人特別税率	93.50%	414.20%	-	-

第3章

この期間は税率が毎年のように変わっていて、各税率が今何%なのか、それを確認するだけでもひと手間でした。しかし、税率が変わることで何よりも問題となるのが、一時差異のスケジューリングごとに適用する税率が変わることです。

　税率が変わらなければ、一時差異の金額を把握して、実効税率をかければ計算は終わります（図3-6）。

▼図3-6　税率が一定の場合の繰延税金資産の計算

	当期末
一時差異①	1,000
実効税率②	29.74%
繰延税金資産①×②	297

　しかし、税率が段階的に変わると、一時差異の解消年度（スケジューリング）によって適用税率を変える必要があります。
　参考までに、2016年以降の税率を適用した繰延税金資産の計算を示します（図3-7）。

▼図3-7　税率が段階的に変わる場合の繰延税金資産の計算

	当期末	スケジューリング可能期間				
	X1年	X2年	X3年	X4年	X5年	X6以降
一時差異①	1,000	100	100	100	100	600
実効税率②		32.11%	29.97%	29.97%	29.74%	29.74%
繰延税金資産①×②	※300	32	30	30	30	178

※：X2年からX6年以降までの合計

税率は数%の差であっても、一時差異の金額が大きければ、繰延税金資産の計上額への影響額も大きくなります。したがって、わずかな差であっても、丁寧に計算する必要があります。

最近では税率変更がないので安心ですが、変更があった場合にはかなり面倒な計算が必要になるのでご注意ください。

● 税率変更のタイミング

税効果会計の旧基準では、**税率変更**を反映させるタイミングを、改正税法の「**公布日基準**」としていました。しかし、2016年3月31日以後終了する事業年度末から「**成立日基準**」へと変更されています。

成立日は国会で可決された日で、公布日は官報などで一般国民に知らせた日です。過去の公布日基準では、改正税法が決算日前までに国会で成立していても、公布されない場合には、「変わることがわかっていても旧税率を使う」という問題がありました。

税効果会計では繰延税金資産が将来の事業年度で解消することが見込まれる期の税率を使用して計算するため、変わることがほぼ確実な税率を使うという点が合理的ではなかったのです。

現在は「成立日基準」となったことでこのような問題は解消されました。

第3章

4

第3章

繰延税金資産の計算ミスを なくすうえで守るべきこと

● 間違った計算方法

　一時差異を漏れなく集計しました。実効税率の計算ができました。

　ここまで来れば、あとはその二つをかけるだけなのですが、ここで必ず注意してほしいことがあります。それは、**繰延税金資産の「期首残高と期末残高の差額で増減を計算する」**ということです。やってはいけないのが、「期首残高に当期の増減を足すことで期末残高を計算する」ことです。

　同じことを言っているように思うかもしれませんが、明確に違う点は、期末残高を意識しているかどうかです。

　まずは間違った計算方法を見てみましょう。

▼図3-8　[間違った計算方法] －期首残高に当期の増減を足すことで期末残高を計算する

	一時差異		実効税率		繰延税金資産
期首残高	100	×	30%	=	30
増減					
期末残高					

	一時差異		実効税率		繰延税金資産
期首残高	100	×	30%	=	30
増減	△20	×	30%	=	△6
期末残高					

	一時差異		実効税率		繰延税金資産
期首残高	100	×	30%	=	30
増減	△20	×	30%	=	△6
期末残高					24

　図3-8では、一時差異の減少分20に実効税率をかけて繰延税金資産の減少額を計算し、それを期首残高に加えることで期末残高を計算しています。しかしこの計算では、次の2つの問題があります。

①実効税率が前期と当期で違う場合に計算を間違える

　当期の実効税率が前期と同じ30%であれば計算は正しいのですが、例えば28%になっていた場合、繰延税金資産の期末残高は22（80×28%）になるべきところ24と計算してしまっています。

②ミスに気づかない

　増減だけを追っていると、期末の「あるべき残高」を押さえることを忘れてしまい、ミスの見落としにつながります。試算表の残高照合を月次でやるべきとお話しました。増減の内容を分析することは大切ですが、それ以上に残高が正しいのかに意識を向けるべきです。

● 正しい計算方法

　では、正しい計算方法がこちらです。

▼図3-9　[正しい計算方法] 一期首残高と期末残高の差額で増減を計算する

	一時差異		実効税率		繰延税金資産
期首残高	100	×	30%	=	30
期末残高	80	×	28%	=	22
増減					△8

　図3-9では、期末の一時差異に実効税率をかけて、期末の繰延税金資産残高を計算しています。**繰延税金資産の増減（＝法人税等調整額）は期首と期末**

第3章

の差額で計算します。

　残高は一度間違えると、翌年も、その翌年も間違えることになるので、必ず決算の都度、できれば月次の都度、正しい残高であることを確認しましょう。

最重要! 繰延税金資産の
回収可能性の判断

繰延税金資産の回収可能性 の判断に対する監査の限界

● 会計の90%がグレーと言われる理由

　大変な思いをして税効果会計の計算が終わっても、まだまだ序の口に過ぎません。税効果会計がハイリスクである本当の理由は、**回収可能性の判断**にあります。場合によっては、これまで積み上げてきた利益が全て吹き飛ぶほどのインパクトがあるのです。

　2001年10月に発覚した米国エンロン社の巨額粉飾事件をきっかけとして、世界中で会計はより細かく、監査はより厳しくなり続けてきました。しかし、それでも不正会計はなくなりません。

　巨額粉飾事件の実働部隊を指揮したエンロン元CFOアンドリュー・ファストウは、「会計基準に不備がある限り、不正会計はなくならない。会計は簡単なものではなく、10%が黒および白で、90%が灰色である。」と述べています。

　この考えは、完全に否定することはできません。そして、グレーである理由の一つが、税効果会計だと私は思っています。

　税効果会計は、**経営者の見積り**に大きく依存します。税効果会計における見積りとは、主に**利益計画**です。

　繰延税金資産は、企業の利益計画いかんで計上できる金額が大きく変わるのですが、当然のことながら、将来の利益がわかる人はいません。それゆえ、利益計画に対する経営者のさじ加減次第で、企業の損益は大きく動くことになり、悪用すれば利益操作も不可能ではないのです。

繰延税金資産は取り崩せない?

繰延税金資産を取り崩したら債務超過になる。

これは決して珍しいことではありません。

　2015年の東芝不正会計の例を挙げてみましょう。不正会計発覚直後の2015年12月31日時点の貸借対照表では、株主資本5,275億円に対して、繰延税金資産が3,889億円計上されています。繰延税金資産がなくなれば、債務超過寸前にまで追い込まれます。

　このような状況で、監査法人が「繰延税金資産の回収可能性が疑わしい」と指摘したところで、「はいわかりました」となるはずがありません。

　この場合の企業の選択肢は、次の二つしかありません。

　別で利益を出すか、**将来利益が出る見通しを説明して繰延税金資産を死守する**かのどちらかです。

　東芝では、前者を選択しました。優良子会社である東芝メディカルシステムズをキヤノンに売却することで、2016年3月期の決算で3,752億円の利益を計上し、3,000億円の繰延税金資産を取り崩すための原資を確保しました。

　東芝のように、売却できる資産がある場合は、まだ恵まれています。

　すでに利益を出し尽くした企業では、繰延税金資産を死守する以外に選択肢はありません。どんなにグレーな判断になったとしても、企業を守るためにはやむを得ません。

第4章

● 結局、将来は誰にもわからない

　繰延税金資産を死守するためには、達成できそうもない利益計画であっても、達成できそうに説明するしかありません。

　多少の無理であれば、監査人も協力的なはずです。繰延税金資産を取り崩して企業が倒れるよりは、繰延税金資産を維持できるほうが望ましいからです。

　しかし、どう考えても無理な場合もあります。

　監査人としても、簡単に譲ることはできません。東芝の不正会計のように過去の不正事例を見て、「監査法人は企業の言いなり」といった印象を持つ人は多いかと思いますが、それはありえないことです。監査人として、相当厳しい態度に出ていたと想像しています。

　では、なぜ無理そうな利益計画が通ることがあるのでしょうか？　どれだけ企業と監査法人で揉めたとしても、最後に落ち着く結論は一つです。

　「将来は誰にもわからない」

　どうしようもない結論ですが、他にはありません。将来のことに対して、誰も正しい答えを持ってはいません。画一的な答えがないからこそ、利益計画の達成可能性をしっかり説明するには相応の準備が必要です。

　次の節からは、監査に耐えられる利益計画とはどのようなものか、私自身の経験を踏まえつつ解説していきます。

利益計画の作り方

● 繰延税金資産の存在で利益計画の数字が変わる

　繰延税金資産がどれだけ計上できるかは、**利益計画**次第です。まずは、**繰延税金資産の回収可能性に関する適用指針（企業会計基準適用指針）**でどのように規定されているか確認しましょう。

32.　(略)

　具体的には、適切な権限を有する機関の承認を得た業績予測の前提となった数値を、経営環境等の企業の外部要因に関する情報や企業が用いている内部の情報（過去における中長期計画の達成状況、予算やその修正資料、業績評価の基礎データ、売上見込み、取締役会資料を含む。）と整合的に修正し、課税所得又は税務上の欠損金を見積る。なお、業績予測は、中長期計画、事業計画又は予算編成の一部等その呼称は問わない。

引用元：企業会計基準適用指針第26号「繰延税金資産の回収可能性に関する適用指針」

　この規定のポイントは、**利益計画に対する「機関承認」**と、**その利益計画を「修正する」**の二つです。機関承認の機関としては、取締役会や常務会などが挙げられます。

　修正が前提となっている時点で、機関承認された利益計画であっても、繰延税金資産の回収可能性の検討にはそのまま使えない場合があることを意味しています。なぜなら、機関承認された利益計画には、努力目標が含まれることがあるからです。特に業績の悪い企業ほど、企業として、余裕で達成できる計画を掲げることはなく、達成できるかどうかギリギリの水準で設定されます。そうしないと黒字化できないからです。

一方で、繰延税金資産の回収可能性で使用する利益計画には、**「達成できること」**が強く要求されます。繰延税金資産の会計基準では、**保守的**に繰延税金資産を計上することを最も**重視**しているからです。

業績好調の企業であれば「達成できること」に特に問題は生じません。したがって利益計画の修正も不要でしょう。対して業績の悪い企業であれば、利益計画が二つ必要になります。努力目標を含む利益計画（社内用）とそれを保守的に修正した利益計画（社外用）です。

つまり、繰延税金資産が存在することによって、必ずしも機関承認だけでは利益計画を決定することができず、監査法人の納得がなければ、利益計画そのものが修正される可能性があるということです。

● 現状維持で繰延税金資産を回収できればベスト

繰延税金資産は、保守的に計上することが大前提になります。それゆえ、監査上もっとも無難な利益計画は、**現状維持**です。

企業の目標としては、毎期10％なり、5％なりの売上成長などを見込むものですが、繰延税金資産の計上においては、ゼロ成長こそが理想です。

ゼロ成長が理想とされる理由ですが、将来を見通すにあたり、最も信頼できる証拠は**「過去の実績」**です。今年100の売上を達成すれば、来年も100はいけるでしょう。ですが「120いけます!」と言われたら、「本当かな?」と疑ってしまいます。

利益計画を検証する際には、最初に過去実績との対比を行います。まずは、過去実績が全てだと言えます。

　過去の実績以外に使える証拠としては、**すでに決まっている契約や受注**が挙げられます。

　例えば、「受注は受けているが、商品の製造が間に合わない。だから売上が翌期になる」という場合には、ほぼ確実に売上は見込めると思います。

　しかし、決まっている契約や受注は、業種にもよりますが、せいぜい翌数カ月分の売上が見込める程度ではないでしょうか。回収可能性の検討で要求される利益計画の、1年、3年ないし5年といった期間では使えません。

　次に使える証拠としては、**コスト削減**が挙げられます。売上と違って、コストはある程度、自社でのコントロールが可能です。それゆえ、監査人への説明もしやすい項目と言えます。

　通常のコスト削減であればいいのですが、それでは間に合わず、抜本的な収益改善が必要な場合、リストラを利益計画に織り込むことがあります。リストラに人員削減まで見込む場合、通常は売上の減少も伴うはずですが、コストだけ減らした都合の良い利益計画をよく見かけます。その場合、突っ込みどころ満載な利益計画になるので、監査人の説得は難航することになります。

　比較的コントロールしやすいコストであっても、理想は現状維持、つまり現在のコスト負担が続くのが、最も通りやすい利益計画であることに変わりはありません。

第４章

● 時間切れを狙えば監査を通過できるのか?

　繰延税金資産を取り崩すと債務超過になるため、繰延税金資産を死守する以外に選択肢のない企業の場合、ゼロ成長の利益計画では、繰延税金資産が全く回収できないという事態になります。なので、相当なジャンプアップをした利益計画を立てなければなりません。

　現時点で決まった契約や受注はない、リストラはするけど売上には影響しない、だがしかし売上は毎年10%以上成長する。そんなバラ色の利益計画であっても「達成できる」と説明し、監査人を説得しなければなりません。

　では、バラ色の利益計画でも監査人を説得できるのでしょうか?

　1回や2回なら同意してくれるかもしれません。しかし、何度も下方修正を繰り返している場合、おそらく同意は不可能です。私も5~6年前であれば、決算の「締め切り」直前になれば、監査法人に妥協が生まれなんとかなる、そのように考えている時期もありました。

　しかし、今では考えが変わりました。監査法人が納得できる水準まで利益を落とさないと、監査が通ることはありません。2015年の東芝の不正会計以降、潮目が変わったと感じています。監査に対する社会の期待値が高すぎるためです。専門用語では**監査の期待ギャップ**という言い方をします。

　監査を受けているから不正はないはずだ、この決算書は完全に正しい姿だ……実際には、監査がサンプリングで行われる以上そんなことはありえないのですが、監査法人は社会から過度な期待を受けています。

　さらに2021年3月期より、監査報告書上に「**監査上の主要な検討事項
（Key Audit Matters：KAM）**」の記載が強制適用になりました。

　KAMの定義は「**当年度の財務諸表の監査において、監査人が職業的専門家とし
て特に重要であると判断した事項をいう。監査上の主要な検討事項は、監査人が監
査役等とコミュニケーションを行った事項から選択される**」です。

　従来の監査報告書は、テンプレート通りであり、監査人が修正を加える
ことはありませんでした。しかし、KAMが導入されたことにより、**監査上のリ
スク項目を記載し、外部に開示する**必要が出てきました。そして、業績の悪い
企業であれば繰延税金資産の回収可能性は、ほぼ100%、KAMに記載さ
れます。

　KAMに記載することで、外部にリスクがあると開示しておきながら、繰延
税金資産の監査で不備を指摘されるわけにはいきません。

　それゆえ、監査法人は、それこそ業績の悪い企業は切り捨てるぐらいの覚
悟で監査をしています。もはや時間切れを狙えば監査は終わるなどという考え
は通用しないと言っていいでしょう。

第4章

どんなに強引に通そうとしても、
無理なものは無理です

3 スケジューリングの作り方

● 基本は現状維持

　理想的なスケジューリングも、結局は現状維持です。図4-1は、一時差異のスケジューリングのワークシート例です。

▼図4-1　スケジューリングのワークシート例

	当期末	スケジューリング可能期間						長期解消	スケジューリング不能
		将来の合理的な見積可能期間							
	X1年	X2年	X3年	X4年	X5年	X6年			
税引前利益		5,200	5,500	6,000	7,000	8,000			
交際費		10							
未払事業税		1,200							
賞与引当金		1,300							
退職給付引当金		900							
一時差異等加減算前課税所得		8,610	5,500	6,000	7,000	8,000			

一時差異									
未払事業税	1,000	1,000							
賞与引当金	2,000	2,000							
減価償却費	3,000	400	390	380	370	360	1,100		
退職給付引当金	30,000	1,000	1,000	1,000	1,000	1,000	25,000		
減損損失（土地）	5,000							5,000	
小計	41,000	4,400	1,390	1,380	1,370	1,360	26,100	5,000	
欠損金充当前課税所得		4,210	4,110	4,620	5,630	6,640			

図4-1の**「一時差異等加減算前課税所得」**は非常に重要なので、この後、あらためて解説します。まずは、その下の将来減算一時差異の解消スケジュールを見てください。

　短期の一時差異である**未払事業税**、**賞与引当金**は、翌年に全額解消させます。

　減価償却費は、採用する償却方法次第ですが、毎期同額または逓減させていきます。

　退職給付引当金は、将来の退職金支払いや、掛け金の拠出額などで決まるのですが、正確な時期は誰にもわかりません。なので、毎期同額で決め打ちする以外にありません。

　減損損失は、土地を売却するまで解消しません。なので、売却が正式に決まるまでは、スケジューリング不能差異に区分されます（繰延税金資産を計上できない）。

　このように、スケジューリングについては、特に難しいことをしていません。利益計画のように操作できそうなところがないからです。やはり、スケジューリング以前の利益計画（スケジューリング表の税引前利益）こそが、繰延税金資産の評価のキモだと言えます。

一時差異等加減算前課税所得

一時差異等加減算前課税所得は、スケジューリングを理解するうえで非常に重要ですが、用語の定義がわかり辛くなっています。

> 3. (9)「一時差異等加減算前課税所得」とは、将来の事業年度における課税所得の見積額から、当該事業年度において解消することが見込まれる当期末に存在する将来加算（減算）一時差異の額（及び該当する場合は、当該事業年度において控除することが見込まれる当期末に存在する税務上の繰越欠損金の額）を除いた額をいう（[設例１]）。
>
> 引用元：企業会計基準適用指針第26号「繰延税金資産の回収可能性に関する適用指針」

この定義が難しく見える理由は、課税所得から計算がスタートしているからです。

通常、繰延税金資産のスケジューリングをする際には、「税引前利益からスタートし、一時差異を加減算することで課税所得を計算する」という、法人税申告書の別表四と同じ流れで作ります。

しかし、回収可能性適用指針の上記定義は、「課税所得からスタートして、一度減算した一時差異を戻す」という、別表四とは逆の流れになっています。

計算結果は同じかもしれませんが、実務でそんなことをする人はいません。このことが、一時差異等加減算前課税所得の定義が難しくなっている要因です。

第4章

図4-2に、回収可能性適用指針［設例1］の「一次差異等加減算前課税所得の計算過程」を示しますが、こちらも課税所得の見積額からスタートするという実務とは逆の流れとなっています。

▼図4-2　一時差異等加減算前課税所得の計算過程

X2年の課税所得の見積額(A)	440
X1年の期末に存在する将来減算一時差異のX2年における解消見込み(B)	
（賞与引当金繰入限度超過額に係る将来減算一時差異）	400
（減価償却超過額に係る将来減算一時差異）	10
X2年の一時差異等加減算前課税所得の見積額(A+B)	850

引用元：企業会計基準適用指針第26号「繰延税金資産の回収可能性に関する適用指針」

一次差異等加減算前課税所得を説明するために、図4-3の「回収可能性適用指針の［設例1］（表1）」の数字を使って、分類4のスケジューリング表（図4-4）を示します。

▼図4-3　［設例1］（表1）X2年の課税所得の見積額の算定過程

項目	
税引前当期純利益の予測	500
賞与引当金繰入限度超過額の認容	△400
減価償却超過額の認容	△10
賞与引当金繰入限度超過額	350
税務上の加減算項目の小計	△60
課税所得の見積額	440

引用元：企業会計基準適用指針第26号「繰延税金資産の回収可能性に関する適用指針」

▼図4-4　分類4のスケジューリング表

	当期末	翌年度
	X1年	X2年
税引前利益		500
賞与引当金		350
①一時差異等加減算前課税所得		850
将来減算一時差異		
賞与引当金	400	△400
減価償却超過額	100	△10
小計	500	△410
②欠損金控除前課税所得		440
繰越欠損金の控除限度割合		100%
繰越欠損金の控除限度額		440
繰越欠損金		
X1年発生	800	△440
差引：課税所得		0

・分類4なのでスケジューリングは1年分だけにする

・説明の便宜上、繰越欠損金の控除限度割合は100%とする

・実効税率は30%とする

　図4-4のスケジューリング表で注目すべき点は、①一時差異等加減算前課税所得850です。税引前利益500から翌年度に加算が見込まれる賞与引当金350を加えた金額になります。

　つまり、一時差異等加減算前課税所得は、「税引前利益から翌年度に加算が見込まれる一時差異の金額を加えたもの」と言うことができ、実務上で使われているスケジューリング表は私の知る限り全てこの流れで計算されています。

そして、①一時差異等加減算前課税所得850が繰延税金資産の計上限度額」になります。図4-4では、将来減算一時差異の翌期解消分410（賞与引当金400減価償却超過額10）と繰越欠損金800の一部（850-410＝440）までが回収できています。したがって、繰延税金資産の計上額は「850×30％＝255」になります。

　一時差異等加減算前課税所得という用語は、回収可能性適用指針で初めて登場したのですが、それ以前の実務においては、次の二点で議論になっていました。

① 繰延税金資産の計上限度額を**一時差異等加減算前課税所得**にするか
② 繰延税金資産の計上限度額を**欠損金控除前課税所得**にするか

　②を採用した場合、欠損金控除前課税所得440によって、将来減算一時差異の翌期解消分410と繰越欠損金800の一部30（＝440-410）までが回収可能となります。したがって、繰延税金資産の計上額は「440×30％＝132」になるのですが、理論的に考えれば、正しいのは明らかに「①一時差異等加減算前課税所得」です。
　「②欠損金控除前課税所得」では、次の2つの問題があります。

・税引前利益500を見積もる際には、賞与引当金の繰入350を考慮しているはず。それゆえ、課税所得を計算すると、必ず賞与引当金の加算が発生するはずだが、その加算を見ないことになる。
・欠損金控除前課税所得440には、賞与引当金の減算400と減価償却超過額の減算10が控除されている。それなのに、スケジューリングを行

> うときには、もう一度同じ減算を控除することになるので、減算が2重
> で行われることになる。

それでも、なぜ議論になってしまったのでしょうか?

　それは、②欠損金控除前課税所得のほうが、繰延税金資産の計上額が少なくなり、より「保守的」だからです。
　繰延税金資産は資産性が怪しいという考えのもと、「保守的であれば、ロジックがおかしくても問題ない」と思われていました。今では「保守的だからOK」という考え方はほぼなくなり、適切な金額を計上する方向へとシフトしています。

第4章

4

日本基準特有の企業分類の考え方

● 企業分類のメリットとデメリット

　繰延税金資産の回収可能性は、**将来年度の企業の収益力に基づく課税所得により判断するのが原則**です。

　ただし、これまで見てきたように将来の収益力を客観的に判断することは困難であるため、過去の業績に基づいて企業を5つに分類し、この分類に基づいて回収可能性を判断するのが、日本基準特有の企業分類の考え方です。

　企業分類のメリットは、回収可能性の判断にある程度の客観性を持たせることができることです。

　デメリットは、過去を過度に重視すること、硬直的な運用がなされることです。硬直的な運用とは、過去の業績によって、繰延税金資産を回収可能な期間が1年や5年といったように決められてしまうことです。

　成長期の企業などでは過去が全く参考にならないことがありますが、過去を過度に重視すると、将来の成長性もほとんど考慮されなくなってしまいます。

　例えば、繰越欠損金の繰越期間は10年ですが、それを繰延税金資産だけ5年分認めるとした場合、そこに理屈はありません。保守的に繰延税金資産を計上すべきだ、という理由だけです。結局、企業分類ができた背景には、繰延税金資産は「資産として怪しい」という認識があったからです。

　繰延税金資産は**法人税の前払い**に例えられますが、将来儲かって法人税を支払う見込みが立たないのであれば、そもそも前払いでもなく、企業の資産にはなりません。

　逆に、現在儲かっていない企業であっても、将来儲かるからと言って繰延税金資産を計上することが可能なのです。

● 税効果会計導入の歴史

　税効果会計が日本で初めて適用されたのでは、2000年3月期のことです。税効果会計が導入された直後の2001年から2002年ごろ、その当時の金融機関はバブル崩壊後の不良債権処理に苦しんでおり、大手銀行は生き残りをかけた大型合併を行っていました。

・三井住友銀行
・三菱東京フィナンシャル・グループ
・UFJホールディングス
・みずほ銀行

　これらメガバンクが誕生し、繰延税金資産は、当時のメガバンクの決算によって一躍有名になりました。新聞報道などで、「赤字なのに繰延税金を計上し、自己資本をかさ上げした」と、連日のように批判されていたからです。

　繰延税金資産が資産として怪しいという認識自体は、今でも大きくは間違っていないと思います。だからこそ、繰延税金資産を少なくすることはいいことだと考え、保守的な会計処理が推奨されてきました。
　そのためには、例外を認めず硬直的な運用がなされるべきで、その役割を担っているのが**企業分類**です。

第4章

企業分類が存在することによるIFRSとの差異

海外では企業分類の考え方は理解されません。というのも、**日本基準のように例示区分のないIFRSでは、繰延税金資産の評価が、ほとんどのケースで0か100になるから**です。つまり、全額計上するか、全額取り崩すかの判断になりがちです。

それに対して、日本基準では、0でもなく100でもなく、20とか50とか90とかで繰延税金資産を計上することが珍しくありません。

どんな評価でも同じことが言えますが、資産の評価は、0と100が最も簡単で、その間の数字にすることは大変です。根拠を準備する必要があるからです。

繰延税金資産の場合は、その根拠が将来の利益計画や一時差異のスケジューリングと、客観性の説明が難しいものを根拠にしなければなりません。その数字について客観性を持たせることは本当に骨が折れる作業です。もちろん、IFRSを適用することで、繰延税金資産の計上が必ずしも100になるわけではありません。

IFRSと日本基準の差異の事例

税効果会計の日本基準とIFRSの差異を確認するために、**ANA**と**JAL**の例を挙げてみましょう。

ANAは日本基準を採用し、JALはIFRSを採用しています。

まずはJALのIFRS初度適用時の繰延税金資産の増加額を確認しましょう。JALは2021年3月期の第1四半期からIFRSを適用しています。図4-5は、

▼図4-5 2019年4月1日（IFRS移行日）現在の資本に対する調整

日本基準表示科目	日本基準	表示組替	認識及び測定の差異	IFRS	注記	IFRS表示科目
	百万円	百万円	百万円	百万円		
資産の部						資産
流動資産						流動資産
						現金及び
現金及び預金	462,064	60,000	－	522,064	(A)	現金同等物
受取手形及び						営業債権及び
営業未収入金	153,112	12,994	△22,052	144,053	(B),(a)	その他の債権
有価証券	60,000	△60,000				
	－	5,067	－	5,067	(C)	その他の金融資産
貯蔵品	21,929	1,779	△26	23,682	(D)	棚卸資産
その他	65,095	△20,502	1,849	46,442		その他の流動資産
貸倒引当金	△661	661	－	－		
流動資産合計	761,539	－	△20,229	741,309		流動資産合計
固定資産						非流動資産
有形固定資産						有形固定資産
建物及び構築物	31,385	△31,385	－	－		
機械装置及び						
運搬具	11,800	△11,800	－	－		
航空機	733,961	－	61,478	795,439	(b)	航空機
土地	861	△861	－	－		
建設仮勘定	141,776	△3,206	－	138,569	(E)	航空建設仮勘定
その他	9,431	47,253	20,810	77,945	(b)	その他の有形固定資産
有形固定資産合計	929,216	－	82,288	1,011,504		有形固定資産合計
無形固定資産合計	92,255	－		92,255		無形資産
						持分法で会計処理
	－	31,570	126	31,697	(F)	されている投資
投資有価証券	101,289	2,425	15,799	119,515	(C),(c)	その他の金融資産
長期貸付金	7,240	△7,240				
繰延税金資産	96,625	－	46,797	143,422	(d)	繰延税金資産
退職給付に係る						退職給付に係る
資産	2,486		△1,308	1,178	(e)	資産
						その他の
その他	39,950	△27,031	△154	12,765		非流動資産
貸倒引当金	△275	275	－	－		
固定資産合計	1,268,788	－	143,550	1,412,338		非流動資産合計
資産合計	2,030,328	－	123,320	2,153,648		資産合計

引用元：日本航空株式会社　有価証券報告書　第72期（2020年4月1日-2021年3月31日）

第4章

IFRS移行日（2019年4月1日）の日本基準からIFRSへの影響額を示した調整表で、2021年3月期の有価証券報告書から抜粋したものです。

　IFRSの適用により、繰延税金資産が966億円から1,434億円へと468億円（+48%）増加しています。

　これは、IFRSが日本基準のように企業分類によってスケジューリング可能期間を区切るという規定がなく、繰越欠損金が期限切れになる期間までスケジューリングをした結果と考えられます。

　次にANAとJALを比較しましょう。下の表（図4-6）は、2022年3月期の両社の有価証券報告書から数字を集計しました。

▼図4-6　ANAとJALの繰延税金資産比較
単位：百万円

	ANA（日本基準）				JAL（IFRS）			
	2021年3月期	2022年3月期	増減	増減率	2021年3月期	2022年3月期	増減	増減率
繰延税金資産	219,618	273,452	53,834	24.5%	225,886	284,287	58,401	25.9%
うち、繰越欠損金	145,675	220,887	75,212	51.6%	148,464	260,079	111,615	75.2%
うち、繰越欠損金に係る評価制引当額	-17,312	-44,789	-27,477	158.7%	-3,273	-20,998	-17,725	541.6%
（評価性引当額の比率）	-12%	-20%	-	-	-2%	-8%	-	-

　2022年3月期は、両社ともコロナ禍の影響で業績が大幅に悪化し、多額の繰越欠損金を計上しています。繰越欠損金に対して繰延税金資産を計上した結果、純資産に対する繰延税金資産の比率が30%を超えており、繰延税金資産の取り崩しリスクが非常に高い状況と言えるでしょう。

　ここで注目すべきは、**繰越欠損金に対してどれだけの評価性引当額を計上して**

いるかです。評価性引当額は繰延税金資産をすでに取り崩した分と理解してください。

2022年3月期では、ANAは繰越欠損金に係る繰延税金資産の20%、JALは8%に対して評価性引当額を計上しています。

この差も、ANAが日本基準を採用しており、企業分類に基づく回収可能性の判断を行った結果、繰延税金資産の計上額がJALよりも少なくなったと考えられます。

次節からは、日本基準における1〜5までの企業分類の内容について解説します。

第4章

5 存在自体が珍しい分類1

● 分類1に判定される要件

17. 次の要件をいずれも満たす企業は、(分類 1) に該当する。
(1) 過去 (3 年) 及び当期の全ての事業年度において、期末における将来減算
一時差異を十分に上回る課税所得が生じている。
(2) 当期末において、近い将来に経営環境に著しい変化が見込まれない。

引用元：企業会計基準適用指針第26号「繰延税金資産の回収可能性に関する適用指針」

　分類1 になるのが難しいのは、**「期末における将来減算一時差異を十分に上回る課税所得が生じている」**の部分です。どんな優良企業でも、この要件を満たさないがために、なかなか分類1にはならなかった印象があります。

　ところが、最近では分類1が以前ほどレアではなくなりました。その最大の要因は、**退職給付引当金**です。というのは、多くの企業で最も大きい一時差異が退職給付引当金で、退職金制度がしっかりしており、歴史のある企業や従業員の平均年齢の高い企業ほどその傾向は強くなります。

　しかし、今では確定拠出年金の普及によって、退職給付引当金が「減少」もしくは「ない」という企業が増えてきました。それゆえ、毎期安定した利益を上げている優良企業であれば、「期末における将来減算一時差異を十分に上回る課税所得が生じている」という状況に比較的なりやすくなっているようで、それが分類1の企業が増えている要因です。

　要件の(2)は、主観的な判断になりますが、優良企業であればまず論点になることはないでしょう。したがって、客観的な要件である(1)を満たしていれば良いので、判定自体は非常に簡単です。

● 分類1の具体的な評価方法

> 18.（分類１）に該当する企業においては、繰延税金資産の全額について回収可能性があるものとする。
>
> 引用元：企業会計基準適用指針第26号「繰延税金資産の回収可能性に関する適用指針」

　分類1の計算は楽勝です。一時差異の全てについて、繰延税金資産を計上すれば良いだけです。回収可能性の評価自体が不要です。

　ただし、上の18項には注意点があります。**回収可能性が「ある」**と書かれている点です。「できる」ではありません。

　なので、例えば、その他有価証券の減損処理額といったスケジューリング不能な一時差異に対しても、**繰延税金資産の計上は「強制」**です。繰延税金資産を積みすぎると、将来の業績悪化時の振れ幅が大きくなるという理由で、できるだけ控えめにしたいというニーズがあります。しかし、計上しない、という保守的な判断は認められないのでご注意ください。

第4章

優良企業の分類2

分類2に判定される要件

> 19. 次の要件をいずれも満たす企業は、(分類2)に該当する。
>
> (1) 過去(3年)及び当期の全ての事業年度において、臨時的な原因により生じたものを除いた課税所得が、期末における将来減算一時差異を下回るものの、安定的に生じている。
>
> (2) 当期末において、近い将来に経営環境に著しい変化が見込まれない。
>
> (3) 過去(3年)及び当期のいずれの事業年度においても重要な税務上の欠損金が生じていない。
>
> 引用元:企業会計基準適用指針第26号「繰延税金資産の回収可能性に関する適用指針」

分類2も、判定自体は簡単です。客観的な事実を用意すればよいだけで、見積りの要素がほとんどないため、私自身の経験としても分類2で議論になったことはありません。

唯一、検討が必要なのは、**「臨時的な原因により生じたものを除いた課税所得」**の「臨時的」が何か、というところぐらいです。過去に特別損益に分類したような、目に見えて大きく臨時性が高い損益があれば、監査人と合意もできそうです。

難しいのは、営業損益になっている項目を「これは臨時的だ」と説明することです。たとえリーマン・ショック級の不景気があったとしても、売上の増減は長い目で見れば「あって当然」なわけです。人によっては臨時的でないとも言いますし、これまた人によっては臨時的だと言うこともあるわけです。なので、私も具体的な指標を示すことはできません。

レアケースだとは思いますが、臨時的な要因を考慮して分類2にしたい場

合は、早めに監査法人に相談するべきでしょう。

　(2) の要件については、分類1と全く同じです。主観的な判断が必要ですが、優良企業であればまず論点になることはないでしょう。

　(3) の要件は、「繰越欠損金が重要かどうか、という論点」が、あると言えばあるのですが、分類2になるような企業の場合は繰越欠損金があったとしても小さいはずなので、これまたあまり問題にはなりません。繰越欠損金が重要かどうかで議論となるのは、後ほど説明する分類3と分類4です。

● 分類2の具体的な評価方法

　分類1ほどではありませんが、分類2も簡単です。

20.（分類 2）に該当する企業においては、一時差異等のスケジューリングの結果、繰延税金資産を見積る場合、当該繰延税金資産は回収可能性があるものとする。

21. なお、（分類 2）に該当する企業においては、原則として、スケジューリング不能な将来減算一時差異に係る繰延税金資産について、回収可能性がないものとする。ただし、スケジューリング不能な将来減算一時差異のうち、税務上の損金の算入時期が個別に特定できないが将来のいずれかの時点で損金に算入される可能性が高いと見込まれるものについて、当該将来のいずれかの時点で回収できることを企業が合理的な根拠をもって説明する場合、当該スケジューリング不能な将来減算一時差異に係る繰延税金資産は回収可能性があるものとする。

引用元：企業会計基準適用指針第26号「繰延税金資産の回収可能性に関する適用指針」

スケジューリング可能であれば、繰延税金資産を計上できます。といっても、難しい判断は不要です。

　一時差異をならべ、それぞれにスケジューリング可能か、不能かを分類します。スケジューリング可能なものは繰延税金資産を計上し、スケジューリング不能なものは計上しない、それだけで済みます。

　これだけ簡単に判断できる理由は、期間が区切られていないからです。期間が区切られていないため、企業が継続する限り、何年でも見積もることができ、そうなるとほとんどの一時差異はスケジューリング可能になります。

　スケジューリング不能になるのは、**土地や有価証券の減損処理**のように、一時差異を解消するのに「企業の意思決定」が必要なものぐらいです。この場合の意思決定は、「売ること」を決めることです。

　ただし、楽勝な分類2でも、1つだけ難しくなることがあります。

　21項の但し書きにある、**スケジューリング不能な一時差異について、繰延税金資産を計上したい場合**です。適用指針で新しく入った文言である「合理的な根拠をもって説明する」必要があります。

　以前、経理支援の立場から、繰延税金資産を計上できるかどうかを、大手監査法人に問い合わせたことがあるのですが、**合理的な根拠**を用意するためのハードルはかなり高めに設定されている印象を受けました。

　取締役会など企業の意思決定機関で、「売ること」が決まっていれば問題ないでしょうが、それ以外の根拠では突き返されるでしょう。

　そもそも分類2になるような企業が、無理にでも繰延税金資産を計上したいなんてことは、私の知る限りで経験がありません。

　将来、取り崩しが必要になったときに損益のブレが大きくなるので、それよりは保守的に繰延税金資産を積みたい企業が多いわけです。

　というわけで、21項の但し書きを適用することは、かなりレアケースだと思います。

分類2で会社と揉めることはありません
このように、とてもさわやかに合意することができます

まだまだ余裕な分類3

● 分類3に判定される要件

> 22. 次の要件をいずれも満たす企業は、第26項(2)又は(3)の要件を満たす場合を除き、(分類3)に該当する。
>
> (1) 過去(3年)及び当期において、臨時的な原因により生じたものを除いた課税所得が大きく増減している。
>
> (2) 過去(3年)及び当期のいずれの事業年度においても重要な税務上の欠損金が生じていない。
>
> なお、(1)における課税所得から臨時的な原因により生じたものを除いた数値は、負の値となる場合を含む。
>
> 引用元:企業会計基準適用指針第26号「繰延税金資産の回収可能性に関する適用指針」

分類3に該当するのは、いわゆる「**業績が不安定な企業**」です。

(1)の要件では、過去3年及び当期で赤字の期がなければ分類2、赤字の期があると分類3になることが多いです。

過去3年の累計損益が赤字の場合は、赤字が1期だけでも分類4になる可能性が高く、あまりにも欠損が巨額だと分類5になる場合もあります。どんなにがんばっても、分類3にはできません。

(2)は、分類3と分類4を分けるための要件で、**欠損金が重要**かどうかで分岐します。重要でない場合は分類3、重要だと分類4になります。分類3と分類4では繰延税金資産を計上できる金額が大きく変わります。分類1～3はそんなに変わりません。

　企業によって違いますが、イメージとしては、これぐらいのインパクトがあります。

> 分類1 > 分類2 > 分類3 >>> 分類4 >>> 分類5

　ですから、企業によっては分類4になることが死活問題になることもあるのです。

分類3を勝ち取り、
今年を乗り切った会社はご機嫌！

翌年も赤字だったら
分類4にしますからね

分類3で踏みとどまれば、会社はご機嫌です
ただし、問題の先送りにしかならないことも多いのですが

第4章

　ここで難しいのは、欠損金がいくらだと重要なのかということです。適用指針に具体的な数値基準は書いてありません。なので、もちろん企業によっても違いますし、監査法人によっても結論は違います。
　一つの目安を示すと、将来2期で欠損金が回収できる見通しなら「重要でない」、2年を越えると「重要」と言われています。ただし、中には3年という人もいますし、年数はあくまでも目安であって、結局は企業の置かれている

状況に従って個別に判断されます。

　なお書きの「臨時的な原因により生じたものを除いた数値」という点は、分類2と同じように考えれば大丈夫です。

● 分類3の具体的な評価方法

23. （分類3）に該当する企業においては、将来の合理的な見積可能期間（おおむね5年）以内の一時差異等加減算前課税所得の見積額に基づいて、当該見積可能期間の一時差異等のスケジューリングの結果、繰延税金資産を見積る場合、当該繰延税金資産は回収可能性があるものとする。

24. 第23項にかかわらず、（分類3）に該当する企業においては、臨時的な原因により生じたものを除いた課税所得が大きく増減している原因、中長期計画、過去における中長期計画の達成状況、過去（3年）及び当期の課税所得の推移等を勘案して、5年を超える見積可能期間においてスケジューリングされた一時差異等に係る繰延税金資産が回収
可能であることを企業が合理的な根拠をもって説明する場合、当該繰延税金資産は回収可能性があるものとする。
なお、ここでいう中長期計画は、おおむね3年から5年の計画を想定している（第28項、第29項及び第32項において同じ。）。

25. 将来の合理的な見積可能期間は、個々の企業の業績予測期間、業績予測能力、当該企業の置かれている経営環境等を勘案した結果、5年以内のより短い期間となる場合がある。その場合、当該期間を合理的な見積可能期間とする。

引用元：企業会計基準適用指針第26号「繰延税金資産の回収可能性に関する適用指針」

　分類3のスケジューリングの期間は、おおむね5年です。

86

　5年でなくても良いケースが24項と25項に記載されていますが、24項の**「合理的な根拠」**を用意することが難しく、実務はほぼ5年で運用されています。

　5年後のことを説明すること自体が難しいので、6年後、7年後などはとても説明できません。逆に5年よりも短くすることもあります。

　例えば、繰越欠損金が重要かどうかの判断が難しく、ぎりぎり分類3と判断した企業の場合、3年を選択し繰延税金資産の計上額を2年分減らします。前述のとおり、分類3から分類4へ変更することによる繰延税金資産の取り崩し額は大きくなる傾向にあります。しかし、3年にしておけば、仮に翌年度に分類4となってしまった場合でも業績への影響を抑えることができます。

　3年の理由を合理的に説明せよと言われればなかなか厳しいのですが、5年よりも長くするよりは、説明のハードルは低くなるでしょう。

　結局、リスクをとりたくない監査人の立場からは、5年にしないことに対して相当慎重な判断をするはずです。

　おそらく専門の審査部隊に判断を委ねるのですが、そうなると今度は、少しばかりの文書化では済みません。実際のところ、5年が6年に延びたところで、繰延税金資産を計上できる金額はそんなに変わらないので、結局5年に落ち着くことがほとんどです。

第4章

急にきつくなる分類4

分類4に判定される要件

26. 次のいずれかの要件を満たし、かつ、翌期において一時差異等加減算前課
税所得が生じることが見込まれる企業は、（分類4）に該当する。

（1）過去（3年）又は当期において、重要な税務上の欠損金が生じている。

（2）過去（3年）において、重要な税務上の欠損金の繰越期限切れとなった事
実がある。

（3）当期末において、重要な税務上の欠損金の繰越期限切れが見込まれる。

引用元：企業会計基準適用指針第26号「繰延税金資産の回収可能性に関する適用指針」

分類4のポイントは1つだけで、**繰越欠損金が重要か重要でないか**です。それ
が分類3との分かれ目なので、ほとんどの議論がそこに費やされるはずです。

(2)の要件は、非常に客観的なので迷うところはありません。

(3)は一応見積りですが、当期末という近い将来なので、これも迷うことは
少ないはずです。

分類4の具体的な評価方法

27.（分類4）に該当する企業においては、翌期の一時差異等加減算前課税所
得の見積額に基づいて、翌期の一時差異等のスケジューリングの結果、繰延
税金資産を見積る場合、当該繰延税金資産は回収可能性があるものとす
る。

> 28. 第 27 項にかかわらず、第 26 項の要件を満たす企業においては、重要な税務上の欠損金が生じた原因、中長期計画、過去における中長期計画の達成状況、過去（3 年）及び当期の課税所得又は税務上の欠損金の推移等を勘案して、将来の一時差異等加減算前課税所得を見積る場合、将来において 5 年超にわたり一時差異等加減算前課税所得が安定的に生じることを企業が合理的な根拠をもって説明するときは（分類 2）に該当するものとして取り扱い、第 20 項及び第 21 項の定めに従って繰延税金資産を見積る場合、当該繰延税金資産は回収可能性があるものとする。
>
> 29. また、第 27 項にかかわらず、第 26 項の要件を満たす企業においては、重要な税務上の欠損金が生じた原因、中長期計画、過去における中長期計画の達成状況、過去（3 年）及び当期の課税所得又は税務上の欠損金の推移等を勘案して、将来の一時差異等加減算前課税所得を見積る場合、将来においておおむね 3 年から 5 年程度は一時差異等加減算前課税所得が生じることを企業が合理的な根拠をもって説明するときは（分類 3）に該当するものとして取り扱い、第 23 項の定めに従って繰延税金資産を見積る場合、当該繰延税金資産は回収可能性があるものとする。
>
> 引用元：企業会計基準適用指針第26号「繰延税金資産の回収可能性に関する適用指針」

27項は、**翌1年分の繰延税金資産しか計上できません**ということを述べています。1年で区切る理由は、繰延税金資産を計上し過ぎるのを防ぐという趣旨であって、ロジカルな根拠はありません。

28項は、**分類4の要件を満たすけど分類2にしてもいい場合**を書いています。その要件を簡単にまとめると、次のようになります。

- ・たまたま繰越欠損金がたくさんあります。
- ・しかし今までは課税所得をしっかり出していました。
- ・予算も達成できています。
- ・今後5年を超える期間で課税所得が出る見通しです。
- ・それを企業が合理的な根拠をもって説明できます。

　かなり厳しい条件です。「優良企業に隕石が落ちて損失になりました」ぐらいしか適用できるイメージが湧きません。実際、適用指針の89項にも、このケースは多くないと記載されています。

89.（略）

　なお、（分類4）に係る分類の要件を満たす企業が（分類2）に該当するものとして取り扱われるケースは、一時差異等加減算前課税所得を5年超にわたり安定的に獲得するだけの収益力を企業が合理的な根拠をもって説明する場合であることから、（分類4）に係る分類の要件を満たす企業が（分類3）に該当するものとして取り扱われるケースに比べて多くはないものと考えられる。また、（分類4）に係る分類の要件を満たす企業が（分類3）に該当するものとして取り扱われる場合、第23項の定めに従うこととしており、第24項の定め（（分類3）に該当する企業における5年を超える見積可能期間に係る繰延税金資産の回収可能性）は適用されない。

引用元：企業会計基準適用指針第26号「繰延税金資産の回収可能性に関する適用指針」

　「合理的な根拠をもって説明」という点については、監査人は厳しい態度でくるはずです。人によっては、将来5年分の売上が「確約」されている証拠を用意しなさい、というぐらい厳しいことを言いかねません。
　私は、監査法人時代の審査担当者に同じようなことを実際に言われたこと

があります。そんなの用意できるはずありません。なので、少し現実的なルールではないと感じます。

　29項は、**分類4の要件を満たすが、分類3にしてもいい場合**です。28項に比べれば、多少、要件はゆるくなっているのでしょうが、それでもなかなか厳しい戦いになると思います。

第4章

91

9 一切の繰延税金資産の
第4章　計上が認められない分類5

● 分類5に判定される要件

30. 次の要件をいずれも満たす企業は、(分類5)に該当する。
(1) 過去 (3 年) 及び当期の全ての事業年度において、重要な税務上の欠損金が生じている。
(2) 翌期においても重要な税務上の欠損金が生じることが見込まれる。

引用元：企業会計基準適用指針第26号「繰延税金資産の回収可能性に関する適用指針」

分類5は、**いっさい利益の出ていない企業**です。

客観的な要件だけなので、判定は簡単です。スタートアップ間もない企業が、利益を出すまでの間だけ分類5になることがあります。

それ以外の企業で分類5にまでなると、繰延税金資産だけでなく、固定資産の減損といった付随する損失も巨額になるので、ほとんど倒産寸前になっているでしょう。

● 分類5の具体的な評価方法

31. (分類 5) に該当する企業においては、原則として、繰延税金資産の回収可能性はないものとする。

引用元：企業会計基準適用指針第26号「繰延税金資産の回収可能性に関する適用指針」

繰延税金資産を計上しないので、とてもシンプルです。

ただ、今までよくあったケースとしては、業績が回復してきたのに、あえて

分類5の判断を維持し、繰延税金資産を計上しないというものです。その理由は大きく二つありました。

　繰延税金資産を計上した期は、利益が大きく出ます。配当方針を「税引後利益の30％」のように、税引後利益をベンチマークにして決めている企業では、配当によるキャッシュアウトが大きくなるので、繰延税金資産を計上したくないのが一つの理由。
　ひとたび業績が傾くと、繰延税金資産をまた取り崩すことになり、さらなる業績悪化の原因につながります。つまり、業績の振れ幅が大きくなるので、それを嫌って、繰延税金資産を計上したくないのがもう一つの理由です。

　過去、繰延税金資産を**保守的**に少なく計上するのはいいことだと思われていました。しかし、今では保守的だからいいというのは認められません。いらない時に押し付けられるのに、必要な時には取り崩すのが繰延税金資産です。

第4章

うちは自己資本が潤沢だから、繰延税金資産とかいらんよ

いらなくても押し付けられるのが繰延税金資産です

企業分類の注記について

● 企業分類を注記しない理由

　これまで見てきたように、企業がどの分類に該当するかは非常に重要です。分類が一つ変わるだけで多額の損失が発生することは珍しくなく、経営者にとっては責任問題にまで発展しかねません。

　これほどに重要な企業分類なので、税効果会計の注記事項に追加すべきではないか、との議論がありましたが、注記には追加されませんでした。企業会計基準第28号「税効果会計に係る会計基準」の一部改正を参考に、追加しないとした理由をまとめると以下の通りです。

・分類は繰延税金資産の回収可能性を判断する過程の一部に過ぎず、同一の分類であっても課税所得の見積りなどにより回収可能な金額は異なる。
・国内企業のみの繰延税金資産に関する情報であることから、分類そのものの情報が注記されたとしても当該情報のみでは連結財務諸表における将来の税金費用を分析することは困難である

　要するに、分類を注記してもそれだけでは有用な情報とはならないということです。国内企業のみの情報である、という点も確かにその通りです。実際は、おそらく企業分類が回収可能性の判断をする過程でもっとも重要な検討項目となるため、情報として生々し過ぎて注記できない、が正確なところではないかと思っています。

　企業分類を注記すると、株主や投資家から、似たような業績の企業なのになぜ分類が異なるのかといった疑問を持たれることもあるでしょう。企業により状況は異なるため当然ありえるとは思いますが、変な誤解を与える原因にもなりかねないので、企業分類を注記しないのは妥当な判断だと思います。

第 **5** 章

ここまでのまとめ－分類ごとの
繰延税金資産の計算方法

まとめ：分類１から５までの スケジューリング表

　本書の第3章と第4章でお話ししてきた内容を、ここでまとめておきましょう。分類1から分類5までのスケジューリング表と、繰延税金資産を計上する範囲を、図表で示していきます。

● 分類1〜分類5の図表

　以下、図5-1から図5-5までをご覧ください。

　表の色で網掛けをした部分が、繰延税金資産を計上する範囲です。分類ごとに計上する範囲が違うことに注目してください。そして、網掛け部分の合計が、下段の「回収可能分」に転記されています。**回収可能分に転記された一時差異に実効税率をかけたのが、繰延税金資産の金額**です。

　分類1だけ、一時差異の金額を少なくしてスケジューリング表を作りました。それは、分類1の要件である「期末における将来減算一時差異を十分に上回る課税所得が生じている」を満たすためです。

　分類2から分類5のスケジューリング表では、繰越欠損金を除く一時差異の金額を同じにしています。

　分類3から、繰越欠損金を発生させました。繰越欠損金についても、一時差異と同じように繰延税金資産を計上する範囲について網掛けをしています。網掛け部分の合計が、「回収可能分」に転記される点も同じです。
　分類4は、分類3よりも繰越欠損金の金額を大きくしています。繰越欠損金が重要という要件を満たすためです。
　分類5は、分類4よりもさらに繰越欠損金の金額を大きくしました。

▼図5-1 分類１のスケジューリング表と繰延税金資産を計上する範囲

| | 当期末 | スケジューリング可能期間 | | | | | 長期解消 | スケジューリング不能 |
| | | 将来の合理的な見積可能期間 | | | | | | |
	X1年	X2年	X3年	X4年	X5年	X6年		
税引前利益		5,200	5,500	6,000	7,000	8,000		
交際費		10						
未払事業税		1,200						
賞与引当金		1,300						
退職給付引当金		900						
一時差異等加減算前課税所得　A		8,610	5,500	6,000	7,000	8,000		
将来減算一時差異								
未払事業税	1,000	1,000						
賞与引当金	1,200	1,200						
減価償却超過額（建物）	150	10	10	10	10	10	100	
減価償却超過額（建物以外）	100	10	10	10	10	10	50	
退職給付引当金	500	50	50	50	50	50	250	
減損損失（建物）	300	15	15	15	15	15	225	
減損損失（土地）	200							200
その他有価証券評価損	500							500
計　B	3,950	2,285	85	85	85	85	625	700
将来加算一時差異								
固定資産圧縮積立金	500	50	50	50	50	50	250	
計　C	500	50	50	50	50	50	250	
欠損金控除前課税所得D（＝A-B+C）		6,375	5,465	5,965	6,965	7,965		

欠損金の控除限度額の割合		50%	50%	50%	50%	50%
繰越欠損金の控除限度額		3,188	2,733	2,983	3,483	3,983
繰越欠損金						
X-3年発生分	0					
X-2年発生分	0					
X-1年発生分	0					
計　E	0	0	0	0	0	0
差引：課税所得（＝D-E）		6,375	5,465	5,965	6,965	7,965

							長期解消	スケジューリング不能
回収可能分								
将来減算一時差異		2,285	85	85	85	85	625	700
将来加算一時差異		△50	△50	△50	△50	△50	△250	
繰越欠損金		0	0	0	0	0	0	
計		2,235	35	35	35	35	375	700
実効税率	合計	30%	30%	30%	30%	30%	30%	30%
繰延税金資産	1,035	671	11	11	11	11	113	210

　　繰延税金資産を計上する範囲

第5章

▼図5-2　分類2のスケジューリング表と繰延税金資産を計上する範囲

	当期末	スケジューリング可能期間						スケジューリング不能
		将来の合理的な見積可能期間					長期解消	
	X1年	X2年	X3年	X4年	X5年	X6年		
税引前利益		5,200	5,500	6,000	7,000	8,000		
交際費		10						
未払事業税		1,200						
賞与引当金		1,300						
退職給付引当金		900						
一時差異等加減算前課税所得　A		8,610	5,500	6,000	7,000	8,000		
将来減算一時差異								
未払事業税	1,000	1,000						
賞与引当金	2,000	2,000						
減価償却超過額（建物）	3,000	400	390	380	370	360	1,100	
減価償却超過額（建物以外）	1,500	150	150	150	150	150	750	
退職給付引当金	30,000	1,000	1,000	1,000	1,000	1,000	25,000	分類1との違い
減損損失（建物）	10,000	200	200	200	200	200	9,000	
減損損失（土地）	5,000							5,000
その他有価証券評価損	500							500
計　B	53,000	4,750	1,740	1,730	1,720	1,710	35,850	5,500
将来加算一時差異								
固定資産圧縮積立金	500	50	50	50	50	50	250	
計　C	500	50	50	50	50	50	250	
欠損金控除前課税所得D（=A-B+C）		3,910	3,810	4,320	5,330	6,340		

	当期末	X2年	X3年	X4年	X5年	X6年	長期解消	スケジューリング不能
欠損金の控除限度額の割合		50%	50%	50%	50%	50%		
繰越欠損金の控除限度額		1,955	1,905	2,160	2,665	3,170		
繰越欠損金								
X-3年発生分	0							
X-2年発生分	0							
X-1年発生分	0							
計　E	0	0	0	0	0	0	0	
差引：課税所得（=D-E）		3,910	3,810	4,320	5,330	6,340		

	当期末	X2年	X3年	X4年	X5年	X6年	長期解消	スケジューリング不能
回収可能分								
将来減算一時差異		4,750	1,740	1,730	1,720	1,710	35,850	0
将来加算一時差異		△50	△50	△50	△50	△50	△250	
繰越欠損金		0	0	0	0	0		
計		4,700	1,690	1,680	1,670	1,660	35,600	0
実効税率	合計	30%	30%	30%	30%	30%	30%	30%
繰延税金資産	14,100	1,410	507	504	501	498	10,680	0

　　　　　　　　　　　　　　　　　　繰延税金資産を計上する範囲

▼図５-３　分類３のスケジューリング表と繰延税金資産を計上する範囲

	当期末	スケジューリング可能期間					長期解消	スケジューリング不能
		将来の合理的な見積可能期間						
	X1年	X2年	X3年	X4年	X5年	X6年		
税引前利益		5,200	5,500	6,000	7,000	8,000		
交際費		10						
未払事業税		1,200						
賞与引当金		1,300						
退職給付引当金		900						
一時差異等加減算前課税所得　A		8,610	5,500	6,000	7,000	8,000		
将来減算一時差異								
未払事業税	1,000	1,000						
賞与引当金	2,000	2,000						
減価償却超過額（建物）	3,000	400	390	380	370	360	1,100	
減価償却超過額（建物以外）	1,500	150	150	150	150	150	750	分類2との違い
退職給付引当金	30,000	1,000	1,000	1,000	1,000	1,000	25,000	
減損損失（建物）	10,000	200	200	200	200	200	9,000	分類2との違い
減損損失（土地）	5,000							5,000
その他有価証券評価損	500							500
計　B	53,000	4,750	1,740	1,730	1,720	1,710	35,850	5,500
将来加算一時差異								
固定資産圧縮積立金	500	50	50	50	50	50	250	
計　C	500	50	50	50	50	50	250	
欠損金控除前課税所得D（＝A-B+C）		3,910	3,810	4,320	5,330	6,340		

	当期末	X1年	X2年	X3年	X4年	X5年	X6年	
欠損金の控除限度額の割合			50%	50%	50%	50%	50%	
繰越欠損金の控除限度額			1,955	1,905	2,160	2,665	3,170	
繰越欠損金								
X-3年発生分		3,000	1,955	1,045				
X-2年発生分		0						
X-1年発生分		0						
計　E		3,000	1,955	1,045	0	0	0	0
差引：課税所得（＝D-E）			1,955	2,765	4,320	5,330	6,340	

	当期末	X1年	X2年	X3年	X4年	X5年	X6年	長期解消	スケジューリング不能
回収可能分									
将来減算一時差異			4,750	1,740	1,730	1,720	1,710	26,100	0
将来加算一時差異			△50	△50	△50	△50	△50	△250	
繰越欠損金			1,955	1,045	0	0	0		
計			6,655	2,735	1,680	1,670	1,660	25,850	0
実効税率	合計	30%	30%	30%	30%	30%	30%	30%	30%
繰延税金資産	12,075	1,997	821	504	501	498	7,755		0

███ 繰延税金資産を計上する範囲

▼図5-4　分類4のスケジューリング表と繰延税金資産を計上する範囲

| | 当期末 | スケジューリング可能期間 | | | | | | スケジューリング不能 |
| | | 将来の合理的な見積可能期間 | | | | | 長期解消 | |
	X1年	X2年	X3年	X4年	X5年	X6年		
税引前利益		5,200	5,500	6,000	7,000	8,000		
交際費		10						
未払事業税		1,200						
賞与引当金		1,300						
退職給付引当金		900						
一時差異等加減算前課税所得　A		8,610	5,500	6,000	7,000	8,000		
将来減算一時差異								
未払事業税	1,000	1,000						
賞与引当金	2,000	2,000						
減価償却超過額（建物）	3,000	400	390	380	370	360	1,100	分類3との違い
減価償却超過額（建物以外）	1,500	150	150	150	150	150	750	
退職給付引当金	30,000	1,000	1,000	1,000	1,000	1,000	25,000	
減損損失（建物）	10,000	200	200	200	200	200	9,000	
減損損失（土地）	5,000							5,000
その他有価証券評価損	500							500
計　B	53,000	4,750	1,740	1,730	1,720	1,710	35,850	5,500
将来加算一時差異								
固定資産圧縮積立金	500	50	50	50	50	50	250	
計　C	500	50	50	50	50	50	250	
欠損金控除前課税所得D（＝A-B+C）		3,910	3,810	4,320	5,330	6,340		
欠損金の控除限度額の割合		50%	50%	50%	50%	50%		
繰越欠損金の控除限度額		1,955	1,905	2,160	2,665	3,170		
繰越欠損金								
X-3年発生分	5,000	1,955	1,905	172	分類3との違い			
X-2年発生分	30,000			1,988	2,665	3,170		
X-1年発生分	0							
計　E	35,000	1,955	1,905	2,160	2,665	3,170	0	
差引：課税所得（＝D-E）		1,955	1,905	2,160	2,665	3,170		
回収可能分								
将来減算一時差異		4,750	0	0	0	0	0	0
将来加算一時差異		△50	△50	△50	△50	△50	△250	
繰越欠損金		1,955	0	0	0	0		
計		6,655	△50	△50	△50	△50	△250	0
実効税率	合計	30%	30%	30%	30%	30%	30%	30%
繰延税金資産	1,862	1,997	△15	△15	△15	△15	△75	0

　　　　繰延税金資産を計上する範囲

▼図5-5　分類5のスケジューリング表と繰延税金全資産を計上する範囲

| | 当期末 | スケジューリング可能期間 | | | | | 長期解消 | スケジューリング不能 |
| | | 将来の合理的な見積可能期間 | | | | | | |
	X1年	X2年	X3年	X4年	X5年	X6年		
税引前利益		5,200	5,500	6,000	7,000	8,000		
交際費		10						
未払事業税		1,200						
賞与引当金		1,300						
退職給付引当金		900						
一時差異等加減算前課税所得　A		8,610	5,500	6,000	7,000	8,000		
将来減算一時差異　　*分類4との違い*								
未払事業税	1,000	1,000						
賞与引当金	2,000	2,000						
減価償却超過額（建物）	3,000	400	390	380	370	360	1,100	
減価償却超過額（建物以外）	1,500	150	150	150	150	150	750	
退職給付引当金	30,000	1,000	1,000	1,000	1,000	1,000	25,000	
減損損失（建物）	10,000	200	200	200	200	200	9,000	
減損損失（土地）	5,000							5,000
その他有価証券評価損	500							500
計　B	53,000	4,750	1,740	1,730	1,720	1,710	35,850	5,500
将来加算一時差異								
固定資産圧縮積立金	500	50	50	50	50	50	250	
計　C	500	50	50	50	50	50	250	
欠損金控除前課税所得D（＝A-B+C）		3,910	3,810	4,320	5,330	6,340		

	当期末	X2年	X3年	X4年	X5年	X6年	長期解消	スケジューリング不能
欠損金の控除限度額の割合		50%	50%	50%	50%	50%		
繰越欠損金の控除限度額		1,955	1,905	2,160	2,665	3,170		
繰越欠損金　　*分類4との違い*								
X-3年発生分	5,000	1,955	1,905	172				
X-2年発生分	30,000			1,988	2,665	3,170		
X-1年発生分	0							
計　E	35,000	1,955	1,905	2,160	2,665	3,170	0	
差引：課税所得（＝D-E）		1,955	1,905	2,160	2,665	3,170		

		X2年	X3年	X4年	X5年	X6年	長期解消	スケジューリング不能
回収可能分								
将来減算一時差異		0	0	0	0	0	0	0
将来加算一時差異		△50	△50	△50	△50	△50	△250	
繰越欠損金		0	0	0	0	0	0	
計		△50	△50	△50	△50	△50	△250	0
実効税率	合計	30%	30%	30%	30%	30%	30%	30%
繰延税金資産	△150	△15	△15	△15	△15	△15	△75	0

（マイナスは繰延税金負債）

スケジューリング表の ポイント

● 税引前利益

　スケジューリングのスタートは**税引前利益**です。最も見積りが難しく、悪い言い方をすれば利益操作の余地があります。繰延税金資産の計上額への影響も大きいので、監査でも非常に揉めやすいところです（p.59を参照）。

● 一時差異等加減算前課税所得

　回収可能性適用指針で新たに登場した用語で、税引前利益から翌年度に**加算**が見込まれる一時差異の金額を加えたものです。考え方自体は昔からあったものだと思うのですが、その存在が、旧基準の**66号***には明示されておらず、それゆえ会計士の間でもスケジューリングのときに見解が分かれる原因となっていました。

　分類1と分類2では、スケジューリングの期間を区切らないので、一時差異等加減算前課税所得は特に影響ありません。しかし、分類3と分類4では非常に重要になってきます（p.67を参照）。

● 将来減算一時差異

　最も難しいのは、漏れなく一時差異を把握することです。そのためには月次の段階から意識して数字を見ていく必要があります。特に、固定資産は日常管理がとても大事で、決算のタイミングまで寝かせてしまうと、なかなかリカバリーできません（p.38を参照）。

＊**66号**　　監査委員会報告第66号「繰延税金資産の回収可能性の判断に関する監査上の取り扱い」

● 将来加算一時差異

　無条件に、繰延税金負債を計上する必要があります。例えば、分類5のスケジューリング表を見ていただきたいのですが、繰延税金資産をいっさい計上していないのに対し、繰延税金負債だけは計上しています。

　繰延税金資産と繰延税金負債は純額で表示されるので、スケジューリング表でもそのように取り扱っています。実務で将来加算一時差異が実務で登場するのは、ほとんど**固定資産圧縮積立金**だけです。それぐらい日本の税務ではレアな存在です。

　固定資産圧縮積立金は、仕訳に注意が必要です（p.112を参照）。

● 繰越欠損金

　欠損金控除前所得の金額の50％という利用制限があります。利用制限について、スケジューリング表に正確に反映し、利用できる部分だけを繰延税金資産を計上する対象にする必要があります。

　スケジューリング表で、繰越欠損金を発生年度ごとに分けているのは、繰越期限を正確に把握する必要があるからです。スケジューリングの期間中に期限切れをするか、しないかで、企業の分類の判定にも影響することがあります。

　繰越欠損金を持っているのは、分類3以降の企業であることが多いので、スケジューリング表でもそのようにしています。最近では、繰越欠損金の繰越期限が10年と長くなったので、分類1や分類2の企業でも繰越欠損金を持っているケースがあります。

　そのほか、適格合併で繰越欠損金を引き継ぐといったケースなども考えられます。

● 回収可能性の判断

繰延税金資産を計上する範囲について、分類毎に違いを確認します。

分類1：

全て計上できます。というか、正確には計上しないといけません。

分類2：

分類1との違いは、スケジューリング不能一時差異に対して、繰延税金資産を計上できないことです。実務でスケジューリング不能一時差異が登場するのは、土地の減損や有価証券評価損のように、売ることで一時差異が解消するものがほとんどです。他には、めったに見ることはありません。

分類3：

分類2との違いは、長期解消（5年を超えるもの）の一時差異です。長期解消のうち、超長期の一時差異に該当しないものは、繰延税金資産を計上できません。（p.108を参照）

分類4：

分類3との違いは、翌年度（X2年）に解消する一時差異と繰越欠損金にしか、繰延税金資産を計上できないところです。退職給付引当金に対する繰延税金資産が、1年分しか計上できなくなるなど、けっこうな影響が出てきます。分類4では、利益計画の作成とスケジューリングを1年分しか作らないことが多いのですが、今回は分類3と比較する目的で5年分行っています。

分類5：

繰延税金資産がいっさい計上できなくなります。

● 実効税率

　全ての年度で同じ税率としています。

　仮に、段階的に税率が変わる場合には、一時差異の解消年度ごとに税率をかける必要があります。税目も多いことから、実効税率の計算も大変です（p.47を参照）。

第**6**章

個別財務諸表での
税効果会計の個別論点

超長期の一時差異の取り扱い

● 超長期の一時差異の取り扱いのポイント

　スケジューリングをするうえで重要なのが、**「解消見込年度が長期にわたる将来減算一時差異」**の取り扱いです。実務では、**「超長期の一時差異」**と呼ばれています。超長期というのは、数十年単位です。数年程度では該当しません。

　まず、回収可能性に関する適用指針を確認しましょう。

解消見込年度が長期にわたる将来減算一時差異の取り扱い

35.　退職給付引当金や建物の減価償却超過額に係る将来減算一時差異のように、スケジューリングの結果、その解消見込年度が長期にわたる将来減算一時差異は、企業が継続する限り、長期にわたるが将来解消され、将来の税金負担額を軽減する効果を有する。これらの将来減算一時差異に関しては、第 15 項から第 32 項に従って判断した分類に応じて、次のように取り扱う。

(1)　（分類 1）及び（分類 2）に該当する企業（第 28 項に従って（分類 2）に該当するものとして取り扱われる企業を含む。）においては、当該将来減算一時差異に係る繰延税金資産は回収可能性があると判断できるものとする。

(2)　（分類 3）に該当する企業（第 29 項に従って（分類 3）に該当するものとして取り扱われる企業を含む。）においては、将来の合理的な見積可能期間（おおむね 5 年）において当該将来減算一時差異のスケジューリングを行った上で、当該見積可能期間を超えた期間であっても、当期末における当該将来減算一時差異の最終解消見込年度までに解消されると見込まれる将来減算一時差異に係る繰延税金資産は回収可能性があると判断できるものとする。

---

(3) （分類 4）に該当する企業（第 28 項に従って（分類 2）に該当するものと
して取り扱われる企業及び第 29 項に従って（分類 3）に該当するものとし
て取り扱われる企業を除く。）においては、第 27 項と同様に、翌期に解消
される将来減算一時差異に係る繰延税金資産は回収可能性があると判断
できるものとする。

(4) （分類 5）に該当する企業においては、原則として、当該将来減算一時差異
に係る繰延税金資産の回収可能性はないものとする。

引用元：企業会計基準適用指針第26号「繰延税金資産の回収可能性に関する適用指針」

簡単にまとめると次のようになります。

超長期の一時差異に対して繰延税金資産を

分類1→計上できる

分類2→計上できる

分類3→計上できる

分類4→翌1年で解消する分だけ計上できる（翌年の減価償却費など）

分類5→計上できない

● 超長期の一時差異で間違いやすい点

　超長期の一時差異で間違いやすいのは、「何が該当するか」です。

　適用指針では、例として退職給付引当金と、建物の減価償却超過額の二
つが挙げられています。建物の減価償却超過額が該当するので、建物の減
損損失も該当すると勘違いしやすいのですが、それは間違いです。

適用指針の36項に、超長期の一時差異にならない旨が書かれています。

固定資産の減損損失に係る将来減算一時差異の取り扱い

36. 固定資産の減損損失に係る将来減算一時差異の解消見込年度のスケジューリングは、償却資産と非償却資産ではその性格が異なるため、次のように取り扱う。

(1) 償却資産

　償却資産の減損損失に係る将来減算一時差異は、減価償却計算を通して解消されることから、スケジューリング可能な一時差異として取り扱う。
また、償却資産の減損損失に係る将来減算一時差異については、第35項に定める解消見込年度が長期にわたる将来減算一時差異の取り扱いを適用しないものとする。

(2) 非償却資産

　土地等の非償却資産の減損損失に係る将来減算一時差異は、売却等に係る意思決定又は実施計画等がない場合、スケジューリング不能な一時差異として取り扱う。

引用元：企業会計基準適用指針第26号「繰延税金資産の回収可能性に関する適用指針」

　建物の**減価償却超過額**＊と**減損損失**（p.176を参照）は、**減価償却に従って一時差異が解消する**という点で共通しています。しかし、繰延税金資産の取り扱いは全く別です。その理由を適用指針からまとめてみると、次のようになります。

・減損損失は金額が大きくなる傾向にある。なので、繰延税金資産の計上を認めると、繰延税金資産の金額が大きくなりすぎる。

・減損損失は業績の悪化に伴い生じたものであり、将来の収益力に影響

＊**減価償却超過額**　税務上の償却限度額を超えて計上した減価償却費

を及ぼす。つまり、繰延税金資産をたくさん計上するべきではない。

・実務に定着している。

　端的に言うと、保守的に繰越税金資産を計上すべきだから、という理由になります。論理的な理由ではないため、間違えることが多い原因となっています。

　なお、分類2の場合、建物の減損損失は超長期の一時差異ではありませんが、スケジューリング可能な一時差異に該当するので、繰延税金資産を全額計上できます。ただし、分類2の企業で、多額の減損損失が出ること自体がレアケースなので、実務で見かけることはほとんどありません。

第6章

2

第6章

圧縮積立金の税効果会計

● 積立金方式の注意点

　圧縮記帳は、国からの補助金等を受けて固定資産を取得した時に、補助金のうち一定額を取得した固定資産の取得原価から控除する、または積立金として計上する会計処理で、本来利益となる補助金等の受け取りを将来に繰り延べることができます。

　その結果、一時的に税金を少なくする効果がありますが、将来の税負担は増えることになるので、税効果会計の対象です。実務においては二つの方式があります。

① **直接減額方式**…取得価額から控除する
② **積立金方式**……圧縮積立金を計上する

　直接減額方式は、会計と税務で差異がなく、税効果がいらないので簡単です。しかし、会計の大原則である取得原価主義に合わないとして、一般的には積立金方式が採用されます。

　間違えやすいのが積立金方式です。仕組みがわかっていれば簡単なのですが、積立金方式は他の一時差異とは毛色が違います。例外的とも言えるでしょう。

　積立金方式の特徴は、圧縮時に損益を通さないことです。なので、直感的には税効果会計の仕訳も、損益を通さずに仕訳を入れたくなります。

　以下は、圧縮時における間違いの仕訳です。

第6章

| (借)繰越利益剰余金 | 100 | (貸)固定資産圧縮積立金 | 70 |
| | | (貸)繰延税金負債 | 30 |

　なぜ、間違いの仕訳を入れたくなるかというと、同じく損益を通さないその他有価証券評価差額金の仕訳に似ているからです。しかし、正しくは損益を通す次の仕訳を入れます。

| (借)繰越利益剰余金 | 70 | (貸)固定資産圧縮積立金 | 70 |
| (借)法人税等調整額 | 30 | (貸)繰延税金負債 | 30 |

　その他有価証券評価差額金との違いは、**圧縮によって「税金が減っている」という事実**です。その他有価証券評価差額金は、課税所得に影響しないので、税金が増えたり減ったりはしません。圧縮記帳は税金の繰り延べに過ぎないため、会計上は税金が減ったことを、「なかったこと」にする必要があるのです。

　税効果会計は**資産負債法**（p.20を参照）を採用しているので、通常は、会計と税務の「資産・負債の差額」だけを見れば良いように思えます。しかし、正しい仕訳を入れるには、一時差異ごとに、損益への影響と税額への影響をそれぞれ確認しないといけません。

一時差異を損益への影響、税額への影響から分類したのが、図6-1です。

▼ 図6-1　一時差異の分類

会計上	税務上	主な内容	頻度
①費用になる	損金になる	税効果会計の対象外	一
②費用になる	損金にならない	賞与引当金、減価償却費、貸倒引当金、減損損失など多数	高
③費用にならない	損金になる	固定資産圧縮積立金	低
④費用にならない	損金にならない	その他有価証券評価差額金、繰延ヘッジ損益、土地再評価差額など	中

図内の①は、説明の便宜上入れましたが、会計と税務に違いがないので一時差異ではありません。なので、税効果会計の対象外です。

②は、最もメジャーな一時差異です。一時差異の多くがここに分類されます。繰延税金資産が多額になる原因です。

③が、今回間違いやすいとお伝えした一時差異です。固定資産圧縮積立金ぐらいしか思いつきません。レアケースであることが、間違えやすい原因になっています。

④は、②の次に頻度が高いです。こちらも、損益だけを見れば会計と税務に違いはないのですが、資産・負債で差異が発生しているので税効果会計の対象になります。つまり、会計上は資産になっているが、税務上は資産になっていないという状態です。③と④では税額への影響が異なるので、仕訳の形が違うのは、すでにお伝えしたとおりです。

第6章

「多分」はだいたい信用なりません
「面倒でも確認」が結局は近道です

損益は…多分
いつもの仕訳で大丈夫！

その他有価証券の税効果会計

● その他有価証券の評価差額の取り扱い

その他有価証券の評価差額には、**評価差損と評価差益を区分せず、各合計額を相殺した後の純額について繰延税金資産又は繰延税金負債を一括して計上することができる**、という取り扱いがあります。

簡単なので多くの企業がその取り扱いを採用しています。

> 38.（2）
> 　その他有価証券の評価差額に係る一時差異がスケジューリング不能な一時差異である場合は、評価差損の銘柄ごとの合計額と評価差益の銘柄ごとの合計額を相殺した後の純額の評価差損に係る将来減算一時差異又は評価差益に係る将来加算一時差異について、繰延税金資産又は繰延税金負債を第 39 項に従って計上する。
>
> 引用元：企業会計基準適用指針第26号「繰延税金資産の回収可能性に関する適用指針」

一括して計上する場合のスケジューリングは以下の通りです。

① 純額で評価差益の場合

繰延税金負債を計上します。

注意すべき点は、スケジューリング不能な将来加算一時差異となるため、繰延税金資産の回収可能性の判断にあたって、その他有価証券の評価差益以外の将来減算一時差異以外とは相殺できないことです。

> 40.
> スケジューリング不能なその他有価証券の評価差額に係る一時差異について、第38項（2）によった場合、当該一時差異はスケジューリング不能であるため、その

他有価証券の売却損益計上予定額を将来の一時差異等加減算前課税所得の見積額（タックス・プランニングに基づく一時差異等加減算前課税所得の見積額を含む。）に含めることはできない。

引用元：企業会計基準適用指針第26号「繰延税金資産の回収可能性に関する適用指針」

第6章

② 純額で評価差損の場合

　原則として、その他有価証券の評価差損はスケジューリング不能な将来減算一時差異となるため、繰延税金資産は計上できません。ただし、その他有価証券は企業の意思決定次第で随時売却することが可能なため、企業分類に従って、例外的な取り扱いが認められています。

39.（2）
① （分類1）に該当する企業及び（分類2）に該当する企業（第28項に従って（分類2）に該当するものとして取り扱われる企業を含む。）においては、純額の評価差損に係る繰延税金資産の回収可能性があるものとする。
② （分類3）に該当する企業（第29項に従って（分類3）に該当するものとして取り扱われる企業を含む。）においては、将来の合理的な見積可能期間（おおむね5年）又は第24項に従って繰延税金資産を見積る企業においては5年を超える見積可能期間の一時差異等加減算前課税所得の見積額にスケジューリング可能な一時差異の解消額を加減した額に基づき、純額の評価差損に係る繰延税金資産を見積る場合、当該繰延税金資産の回収可能性があるものとする。

引用元：企業会計基準適用指針第26号「繰延税金資産の回収可能性に関する適用指針」

　簡単に説明すると、分類1と分類2は繰延税金資産を計上できる、分類3は、5年内に十分な課税所得の発生が見込まれる場合には繰延税金資産を

計上できる、となっています。

● その他有価証券の時価が戻った場合の取り扱い

しかしながら、**減損したその他有価証券**は、この簡便的な取り扱いを適用できません。個別の銘柄ごとのスケジューリングが要求されます。

したがって、減損済みのその他有価証券については、**原則どおり減損処理後の株価に応じて、個別に税効果会計を適用する必要がある**のですが、それがなかなかできておらず、間違えることが多いので注意が必要です。

---

38 項 なお書

なお、減損処理したその他有価証券に関して、期末における時価が減損処理の直前の取得原価に回復するまでは、減損処理後の時価の上昇に伴い発生する評価差益は将来加算一時差異ではなく減損処理により生じた将来減算一時差異の戻入れとなる。このため、原則どおり、個々の銘柄ごとにスケジューリングを行い、当該その他有価証券に係る将来減算一時差異については当該スケジューリングの結果に基づき回収可能性を判断した上で、繰延税金資産を計上する。

引用元：企業会計基準適用指針第26号「繰延税金資産の回収可能性に関する適用指針」

中でも間違えやすいのは、「減損処理したその他有価証券について、前期はスケジューリング不可と判断して繰延税金資産を計上しなかったが、当期にスケジューリング可能となって繰延税金資産を計上する」という場合です。

分類1に変わったケース、または分類2～4でも有価証券の将来の売却見通しが立つことでスケジューリングが可能となったケースでは、前期不計上でも当期に繰延税金資産を計上することがあります。

それでは、適用指針の設例2の前提条件を使って解説していきましょう。

第6章

前提条件

・前期末において、取得原価1,000の投資有価証券（その他有価証券として分類）が、時価400に下落したため、600の減損処理を行った。なお、税務上の簿価は1,000で変わらない。

・当期において、当該投資有価証券の時価が600に上昇したため、有価証券評価差額金（評価差益）200が発生した。

・実効税率は30%とする。

　この前提条件では、当期末での一時差異は400です。しかし、400は図6-2のように分解することができます。

▼図6-2　その他有価証券の一時差異の内訳

前期の減損▲600と、
当期の評価差益200に
分けられる

前期の会計処理

（借）投資有価証券評価損 600 ／（貸）投資有価証券 600

この時点では、スケジューリング不可と判断し、繰延税金資産を計上していません。

当期の会計処理：間違った例

（借）繰延税金資産 120 ／ （貸）その他有価証券評価差額金 120

400×30％＝120

　この仕訳は間違いです。期末時点の一時差異 400 に対して繰延税金資産を計上してはいけません。

　過去に減損した有価証券を、ほかの有価証券と区分していない場合には、間違えていることにも気づきません。

　正しくは、評価損の内訳に応じて以下の二つの仕訳を入れる必要があります。まず、前期の減損処理 600 に対する繰延税金資産を計上します。貸方の科目が「法人税等調整額」であることに注意してください。

当期の会計処理：正しい例①

（借）繰延税金資産 180 ／ （貸）法人税等調整額 180

600×30％＝180

　次に、評価差益 200 に対する繰延税金資産を計上します。

当期の会計処理：正しい例②

（貸）その他有価証券評価差額金 60 ／ （貸）繰延税金資産 60

200×30％＝60

正しい仕訳では、前期の法人税等調整額を当期に負担させることになるので、税引前利益に対する税金費用の割合（**税負担率**）が歪みます。

　税負担率だけを見れば、間違いの仕訳のほうがきれいに収まるのです。それゆえに、間違えていないかチェックすることが難しく、自分も過去に見落としがないか不安な論点です。くれぐれもご注意ください。

第6章

第6章 4 繰延ヘッジ損益の税効果会計

● 繰延ヘッジ損益の取り扱い

繰延ヘッジ損益※は、その他有価証券の評価差額のように損失と利益を相殺した後の純額で繰延税金資産又は負債を計上する、という取り扱いは規定されていないので、注意してください。

繰延ヘッジ損失と繰延ヘッジ利益に区分し、**損失については回収可能性を判断したうえで繰延税金資産を計上**し、**利益については繰延税金負債を計上**します。

ここでも、回収可能性の判断にあたっては企業分類を使用し、分類1~3までは回収可能性ありと判断されます。

---

46. 繰延ヘッジ損益に係る一時差異は、繰延ヘッジ損失と繰延ヘッジ利益とに区分し、繰延ヘッジ損失に係る将来減算一時差異については、第6項に従って回収可能性を判断した上で繰延税金資産を計上し、繰延ヘッジ利益に係る将来加算一時差異については繰延税金負債を計上する。

   なお、繰延ヘッジ損失に係る将来減算一時差異に関する繰延税金資産は、第15項から第32項に従って判断した分類に応じて、(分類1)に該当する企業及び(分類2)に該当する企業(第28項に従って(分類2)に該当するものとして取り扱われる企業を含む。)に加え、(分類3)に該当する企業(第29項に従って(分類3)に該当するものとして取り扱われる企業を含む。)においても回収可能性があるものとする。

   引用元：企業会計基準適用指針第26号「繰延税金資産の回収可能性に関する適用指針」

分類3の取り扱いがその他有価証券の評価差額と比べて条件が緩く、スケジューリングなしで回収可能となっています。これは、ヘッジ会計をしている以上、ヘッジ手段とヘッジ対象の損益は消し合う形で解消することが見込まれるためです。

※**繰延ヘッジ損益** 時価評価されているヘッジ手段（デリバティブ取引等）に係る損益又は評価差額をヘッジ対象に係る損益が認識されるまで純資産の部において繰り延べたときにおける、繰り延べられた損益又は評価差額

115. 企業会計基準適用指針第 8 号「貸借対照表の純資産の部の表示に関する会計基準等の適用指針」では、繰延ヘッジ損失に係る将来減算一時差異については、ヘッジ有効性を考慮すれば、通常、ヘッジ対象に係る評価差益に関する将来加算一時差異とほぼ同時期に同額で解消されるものとみることもできると考えられるため、「将来年度の収益力に基づく課税所得によって繰延税金資産の回収可能性を判断する場合には、例示区分①及び②の企業に加え、例示区分③及び④のただし書きの企業についても回収可能性があると判断できるものとした。」とされていた。本適用指針においては、この取り扱いを踏襲している（第46項参照）。

引用元：企業会計基準適用指針第26号「繰延税金資産の回収可能性に関する適用指針」

5

第6章

資産除去債務の
税効果会計

● 資産除去債務とリース債務の税効果の違い

　資産除去債務を計上した際、繰延税金資産と繰延税金負債が**両建て**＊され
ます。

（借）建物 100 ／（貸）資産除去債務 100
（借）繰延税金資産 30 ／（貸）繰延税金負債 30

　しかし、**リース資産・負債**を計上した際には、繰延税金資産も繰延税金負
債も計上されません。

（借）リース資産 100 ／（貸）リース債務 100

　この違いは、税務上で認められた資産・負債かどうかの違いです。
　リース資産・負債は、税務上でも認められた資産・負債のため、会計と税
務に差異はありません。なので、繰延税金資産も繰延税金負債も不要です。
　しかし、**資産除去債務は会計上だけの資産・負債**のため、税効果会計が適用
され、繰延税金資産・繰延税金負債が計上されることになります。これも、
税効果会計が資産負債法を採用しているために発生する一時差異です。

● 資産除去債務の計上時における合理的の意味

　では次に、**資産除去債務**とは何かを確認しましょう。
　まずは用語の定義を確認します。

＊**両建て**　売掛金と前受金それぞれを把握するために、両方の勘定科目を計上すること

> 「資産除去債務」とは、有形固定資産の取得、建設、開発又は通常の使用によっ
> て生じ、当該有形固定資産の除去に関して法令又は契約で要求される法律上の
> 義務及びそれに準ずるものをいう。この場合の法律上の義務及びそれに準ずるも
> のには、有形固定資産を除去する義務のほか、有形固定資産の除去そのものは義
> 務でなくとも、有形固定資産を除去する際に当該有形固定資産に使用されている
> 有害物質等を法律等の要求による特別の方法で除去するという義務も含まれる。
>
> 引用元：企業会計基準第18号「資産除去債務に関する会計基準」

　会計基準にある**「法令又は契約で要求される法律上の義務及びそれに準ずるも
の」**を例示すると、次のようになります。

> ・アスベストやPCB（ポリ塩化ビフェニル）などの有害物質を除去する法律
> 　上の義務
> ・定期借地契約で賃借した土地の上に建物を建設。その建物を契約満了
> 　後に除去する契約上の義務
> ・賃貸建物等に内部造作をした場合、退去時における契約上の原状回復
> 　義務

「将来、建物などの固定資産を除却するときに費用負担をするので、それを
今の時点で負債計上する」というのが、資産除去債務です。そして、資産除
去債務を負債計上するためには見積りが必要で、具体的には、**除去費用とそ
の時期**を見積もることになります。

　では、除去費用とその時期を見積もることはできるのでしょうか？
　小売業を例とした場合、原状回復義務が発生するのは、お店をたたむとき
です。しかし、お店をいつたたむかを見積もるのは通常困難でしょう。10年

後かもしれないし、20年後かもしれないし、採算が悪ければもっと早いこともあります。金額についても、10年後にいくらで除去できるかなんてわからないわけです。

　通常、**引当金は合理的な見積りができる場合にだけ負債計上**します。なので、資産除去債務にも似たような規定があります。

（資産除去債務を合理的に見積ることができない場合）
5.　資産除去債務の発生時に、当該債務の金額を合理的に見積ることができない場合には、これを計上せず、当該債務額を合理的に見積ることができるようになった時点で負債として計上する。その場合の負債の計上の処理は、第10項及び第11項に準じる。

引用元：企業会計基準第18号「資産除去債務に関する会計基準」

　基準に書いてあるとおり、「合理的に見積もれないから資産除去債務を計上しない」としたくなります。しかし、これが認められるかというと、それも難しいのです。

　どこにもそんなことは書いていないのですが、「資産除去債務は計上するのが当然」という前提が置かれています。つまり、**簿外負債**＊は認めないというスタンスです。

　なので、他の引当金が計上する理由を合理的に説明するのとは逆で、計上しない理由を合理的に説明しないといけません。少なくとも、監査法人での資産除去債務の運用はそうでした。

　仮に計上しないのであれば、監査法人内の専門の審査部隊に回され、そうとう厳しく詰められることになります。そうすると、計上するほうが簡単という結論になります。

＊**簿外負債**　貸借対照表に計上していない負債

● 資産除去債務のスケジューリングにおける合理的の意味

　一時差異に対して繰延税金資産を計上するには、**スケジューリング可能**である必要があります。

　スケジューリングとは、**いつ一時差異が解消するかを見積もること**で、スケジューリング可能の反対が、**スケジューリング不能**です。

　スケジューリング不能な一時差異の代表例としては、有価証券の評価損、土地の減損損失があり、これらが解消するタイミングは、実際に有価証券や土地を売却したときです。

　これらの一時差異に繰延税金資産を計上するための条件は厳しく、取締役会などによる具体的な売却の意思決定がないといけません。いわゆる、**タックス・プランニング**です。そうすると、資産除去債務も同じく、スケジューリング不能で、繰延税金資産は計上できないように思えます。

　しかし、資産除去債務は、スケジューリング可能になります。というのは、資産除去債務を計上するときに閉店する時期とその金額を、無理矢理ではあっても「合理的に見積もっている」ことになっているからです。

　なので、資産除去債務はスケジューリング可能であり、繰延税金資産を計上する必要があります。合理的という言葉は便利なので、あらゆる会計基準で登場します。なんでも合理的と言えば済むような感はあるのですが、同じ合理的といえど求めているものは全然違います。その結果、同じような性質の一時差異でも、全く違う結論になるのです。

　資産除去債務の最後に、税効果会計適用時の仕訳を確認しましょう。

①資産除去債務計上時（実効税率 30%とする）

> （借）有形固定資産 300 ／（貸）資産除去債務 300
> （借）繰延税金資産 90 ／（貸）繰延税金負債 90

　繰延税金資産と負債が両建てで計上されます。

②毎期の減価償却費計上時（償却期間 10 年で償却費は毎期 30 とする）

> （借）減価償却費 30 ／（貸）資産除去債務 30
> （借）繰延税金負債 9 ／（貸）法人税等調整額 9

　減価償却費により、会計と税務の差異が徐々に縮まるため、繰延税金負債が戻し入れになります。減価償却完了時には繰延税金負債はゼロになります。

③毎期の利息費用計上時（利息費用は毎期 10 とする）

> （借）利息費用 10 ／（貸）資産除去債務 10
> （借）繰延税金資産 3 ／（貸）法人税等調整額 3

　利息費用により、会計と税務の差異が徐々に広がるため、繰延税金資産を計上します。減価償却費計上時とは逆の動きになります。

④債務履行時（10 年経過後とする）

> （借）資産除去債務 400 ／（貸）現金預金 400
> （借）減価償却累計額 300 ／（貸）有形固定資産 300
> （借）法人税等調整額 90 ／（貸）繰延税金資産 90

　繰延税金負債が減価償却費に従って徐々に戻し入れされるのに対して、繰延税金資産は債務履行時に全額戻し入れとなります。

貸倒引当金の税効果会計

● 貸倒引当金の取り扱い

　貸倒引当金は、**将来発生が見込まれる損失を見積もったもの**ですが、債権がいつ貸し倒れになるかは相手次第なので、実務上スケジューリングは困難なことが多いです。

　しかし、それでも貸倒引当金の計上時には損失の発生時期を含めて「合理的に見積もっている」はずなので、スケジューリング不能な一時差異とはしない、と規定されています。つまり繰延税金資産を計上すべきであり、資産除去債務の取り扱いと似ている部分があります。

---

13. スケジューリング不能な一時差異のうち、将来減算一時差異については、原則として、税務上の損金の算入時期が明確となった時点で回収可能性を判断し、繰延税金資産を計上する。ただし、期末において税務上の損金の算入時期が明確ではない将来減算一時差異のうち、例えば、貸倒引当金等のように、将来発生が見込まれる損失を見積ったものであるが、その損失の発生時期を個別に特定し、スケジューリングすることが実務上困難なものは、過去の税務上の損金の算入実績に将来の合理的な予測を加味した方法等によりスケジューリングが行われている限り、スケジューリング不能な一時差異とは取り扱わない。

引用元：企業会計基準適用指針第26号「繰延税金資産の回収可能性に関する適用指針」

第 **7** 章

連結財務諸表での
税効果会計

1

連結財務諸表における
税効果会計の概要

● 基準の読み込みは難しいが実務はそこまで難しくない

　私が**連結財務諸表**での税効果会計において特徴的だと感じているのは、会計基準を読むのが非常に難しいということです。

　では、連結財務諸表の税効果会計が同じように難しいのかというと、そうではないと思っています。やはり税効果会計のメインの論点は**個別財務諸表における回収可能性の判断**です。金額的に大きな影響が出るのも個別財務諸表になります。

　端的に言うと、連結財務諸表での税効果会計は、各社の個別財務諸表を単純合算した後の**連結修正仕訳**に付随して発生するものであり、連結修正仕訳によって一時差異の金額が増減した分を調整することにその意義があります。

　企業によっては、システム上で税効果会計の仕訳を自動化しているケースもあります。「この連結修正が起きた場合には、この仕訳が起きる」というように、ある程度機械的に仕訳を入れることが可能なため、どうしても手作業が多くなる個別財務諸表と比較して、時間がかかる印象はありません。

● 連結財務諸表固有の一時差異

　連結上、税効果会計が必要となるのは主に以下の三つの**連結修正仕訳**です。厳密に言うと他にもありますが、そこまで登場頻度は高くありません。

---

① 資本連結に際し子会社の資産及び負債の時価評価により評価差額が生じた場合
② 連結グループ内の企業間の取引から生じる未実現損益を消去した場合

---

③ 連結グループ内の企業間の債権と債務の相殺消去により貸倒引当金を
減額修正した場合

①資本連結で評価差額が生じたとき

　資本連結で、親会社が子会社の土地・建物、その他の資産負債を時価で
評価すると、評価減や評価増による**評価差額**が生じます。子会社の個別BS上
では評価替えを行わないので、連結BS上の資産と個別BS上の資産の間に一
時差異が生じ、税効果会計の対象となります。

②未実現損益を消去したとき

　未実現損益は、連結グループ内の企業間で資産の売買が行われたとき、そ
の資産が決算日までに連結グループ内の企業に在庫等として残っているとき
に発生します。未実現損益は**棚卸資産**だけでなく**固定資産**や**その他の資産**にも
含まれます。

　未実現利益のある資産は、連結グループ外の企業に販売されていないた
め、**連結修正仕訳で損益相当分が消去**されます。その結果、連結BS上の資産
と個別BS上の資産の間に一時差異が生じ、税効果会計の対象となります。

③債権と債務の相殺・消去で貸倒引当金を減額したとき

　連結グループ内の企業間の債権債務は連結修正仕訳で相殺・消去されます。相
殺・消去された債権に対応する**貸倒引当金**があれば、あわせて消去するため、
連結BS上の貸倒引当金は、個別BSより少なくなります。その結果、一時差
異が生じ、税効果会計の対象となります。

● 連結修正仕訳で生じた繰越税金資産の回収可能性

回収可能性適用指針では以下のように規定されています。

> 連結決算手続上生じた繰延税金資産の回収可能性
>
> 9. 連結決算手続上生じた将来減算一時差異（未実現利益の消去に係る将来減
>   算一時差異を除く。）に係る繰延税金資産は、納税主体ごとに各個別財務諸
>   表における繰延税金資産（繰越外国税額控除等に係る繰延税金資産を除
>   く。）と合算し、第6項に従って回収可能性を判断し、第7項に従って連結財
>   務諸表における計上の可否及び計上額を決定する。また、繰延税金資産から
>   控除すべき金額の見直しを第8項に従って毎期行う。 なお、第6項（3）に定
>   める将来加算一時差異に基づく回収可能性の判断にあたっては、未実現損失
>   の消去に係る将来加算一時差異の解消見込額を含めないこととする。
>
> 引用元：企業会計基準適用指針第26号「繰延税金資産の回収可能性に関する適用指針」

　少し読みにくかったと思いますが、簡単にまとめると、連結修正仕訳で生じた繰延税金資産は、連結グループ各社における繰延税金資産と合算し、それぞれの企業で回収可能性を判断しなさいと言っています。

　一見、非常に大変そうですが、そうでもありません。最も大変そうな**未実現損益の消去が、回収可能性の判断の対象外**だからです。それ以外の論点は登場頻度が高くないことと、回収可能か否かの判断しやすいためです。

　たとえば、資本連結に際して発生した子会社の土地の評価減であれば、売却の意思決定がない限りスケジューリング不可となり、繰延税金資産を計上しない、と結論付けることができます。

連結財務諸表における
税効果会計の注意事項

● 最も気をつけるべきは仕訳を忘れること

　連結財務諸表の税効果会計で最も起こりやすいミスは、仕訳を忘れることだと思っています。システム上、税効果会計の仕訳を自動化していれば問題ありませんが、手作業の場合は、しっかりチェックできる体制を整える必要があります。

　例えば、連結修正仕訳の仕訳種別を次のように区分します。

・資本連結
・配当金相殺消去
・債権債務相殺消去
・棚卸資産未実現利益消去
・固定資産未実現利益消去

　開始仕訳*で前期末の仕訳残高を繰り越し、**期中仕訳***で当期の増減を入れていきます。それぞれの仕訳に対して、税効果の仕訳の影響を確認していきます。

　ここでおすすめなのが、仕訳1本1本に対して税効果の仕訳を起票するのではなく、仕訳種別ごとのように、似たような種類の連結修正仕訳についてはまとめて税効果の仕訳を入れること。これが漏れの防止には効果的です。

● 次に気をつけるのは仕訳を貸借逆にすること

　これも自動化できていれば問題ありませんが、仕訳を逆に入れてしまうというようなミスは意外と起きるのです。なぜなら、何度も登場しているとおり、

※**開始仕訳**　過去に行った連結修正仕訳を一括で繰り越す仕訳
※**期中仕訳**　当期の連結修正仕訳

税効果会計の仕訳は次のようにシンプルだからです。

大きくはこの二つのパターンのどちらかです。

① （借）繰延税金資産 ／ （貸）法人税等調整額
② （借）法人税等調整額 ／ （貸）繰延税金資産

連結修正仕訳で、前期と損益が逆になることがあります。その場合、税効果会計の仕訳も逆にする必要があるのですが、それを忘れてしまうのです。

仕訳の貸借を間違えると、ミスの影響が2倍になるのでかなり悲惨です。単なる仕訳の漏れだと5,000万円のミスだったのが、仕訳を逆に入れることで1億円のミスになります。何もしないほうがまだよかったという状況もありえます。

これを防ぐためには、第9章の4で解説する**税率差異の内訳**を分析することが効果的です。または、連結修正仕訳とそれに付随する税効果の仕訳について前期比較を実施し、抜け漏れがないか確認することも大切です。

繰延税金資産の貸借を逆に！
何もしなくても 5,000 万円のミス
仕訳を入れたことで 1 億円のミス…

3 連結財務諸表での 税効果会計の個別論点

● 漏れやすい「子会社の留保利益に対して計上する 繰延税金負債」

連結財務諸表の税効果会計の仕訳はある程度自動化できるという話でしたが、それでも注意すべき点はあります。ここからは、自動化が難しくミスが起こりやすい論点について解説していきましょう。

最近はだいぶ減りましたが、**留保利益に対して計上する繰延税金負債**は、とにかく漏れやすいです。

まず、実務指針の該当箇所を確認しましょう。

---

24. 子会社に対する投資に係る連結財務諸表固有の将来加算一時差異のうち、子会社の留保利益（親会社の投資後に増加した子会社の利益剰余金をいう。このうち親会社持分相当額に限る。以下同じ。）に係るもので、親会社が当該留保利益を配当金として受け取ることにより解消されるものについては、次のいずれかに該当する場合、将来の会計期間において追加で納付が見込まれる税金の額を繰延税金負債として計上する。

(1) 親会社が国内子会社の留保利益を配当金として受け取るときに、当該配当金の一部又は全部が税務上の益金に算入される場合

(2) 親会社が在外子会社の留保利益を配当金として受け取るときに、次のいずれか又はその両方が見込まれる場合（[設例 5]）

① 当該配当金の一部又は全部が税務上の益金に算入される。

② 当該配当金に対する外国源泉所得税について、税務上の損金に算入されないことにより追加で納付する税金が生じる。

引用元：企業会計基準適用指針第28号「税効果会計に係る会計基準の適用指針」

（1）（2）のケースでは、配当しないなら追加の税金は発生しない、だから繰延税金負債はいらない、としたくなります。しかし、上記基準には、配当について次のように書いてあります。

---

24. 続き
一方で、親会社が当該子会社の利益を配当しない方針を採用している場合又は子会社の利益を配当しない方針について他の株主等との間に合意がある場合等、将来の会計期間において追加で納付する税金が見込まれない可能性が高いときは、繰延税金負債を計上しない。

引用元：企業会計基準適用指針第28号「税効果会計に係る会計基準の適用指針」

ここでは、**「親会社が当該子会社の利益を配当しない方針をとっている場合」** が問題です。というのは、「過去に配当した実績がない」、この程度の主張は監査で受け入れられないからです。こちらも、資産除去債務の議論に近くて、繰延税金負債を計上することが前提になっている感があります。

だからこそ、繰延税金負債を計上したくない場合には、監査で相当厳しい証拠が要求されます。具体的には **「配当をしない方針」についての文書、および社内承認** が必要です。しかし、それが用意できている企業はほとんどありません。他の株主との合意もまずないでしょう。だから、繰延税金負債を計上することになります。

ここで、過年度分も含めて一括で計上するとなれば、けっこうな損失が発生することになります。なので、繰延税金負債の計上が必要かどうかは、毎年きちんと確認する必要があります。

● 未実現損益の税効果における適用税率の違い

　税効果会計は資産負債法を採用していますが、**未実現損益の税効果のみ繰延法**になっています。資産負債法と繰延法の解説は、第2章「税効果会計の基礎的な用語の解説」p19をご参照ください。

　資産負債法は、将来の税額に注目します。なので、将来、未実現損益のある資産を外部に売却したときに適用される税率、つまり**「購入側」の税率**を使います。

　しかし、ここでは繰延法が採用されるので、すでに税金を支払った時点の税率、つまり**「売却元」の税率**を使います。

　連結上では未実現損益となっているが、個別で見れば連結グループ内の別の企業に売却した時点で当該利益に対する税金は納付済みと考えられる、というのが理由です。

　さらに、繰延法では繰延税金資産の回収可能性の判断を行いません。全ての未実現利益が、繰延税金資産を計上する対象となります。

未実現損益の消去に係る一時差異の取り扱い

34. 未実現利益の消去に係る連結財務諸表固有の将来減算一時差異については、売却元の連結会社において売却年度に納付した当該未実現利益に係る税金の額を繰延税金資産として計上する。計上した繰延税金資産については、当該未実現利益の実現に応じて取り崩す（［設例7-1］）。

　　また、未実現損失の消去に係る連結財務諸表固有の将来加算一時差異については、売却元の連結会社において売却年度に軽減された当該未実現損失に係る税金の額を繰延税金負債として計上する。計上した繰延税金負債については、当該未実現損失の実現に応じて取り崩す。

---

35. 未実現利益の消去に係る繰延税金資産を計上するにあたっては、回収可能性適用指針第6項の定めを適用せず、その回収可能性を判断しない。また、繰延税金資産の計上対象となる当該未実現利益の消去に係る将来減算一時差異の額については、売却元の連結会社の売却年度における課税所得の額を上限とする（［設例7-2]）。
36. 未実現損失の消去に係る繰延税金負債を計上するにあたって、繰延税金負債の計上対象となる当該未実現損失の消去に係る将来加算一時差異の額については、売却元の連結会社の売却年度における当該未実現損失に係る税務上の損金を算入する前の課税所得の額を上限とする。

引用元：企業会計基準適用指針第28号「税効果会計に係る会計基準の適用指針」

　これらの取り扱いは、税効果会計の例外になります。もっと言えば、日本基準は繰延法でも、IFRS（国際会計基準）は資産負債法です。会計基準の統一の観点から見れば、日本基準も資産負債法へ変更すべきでしょう。

　ではなぜ例外を認めたのでしょうか？　税効果会計に係る会計基準の適用指針の130項から136項に繰延法を採用した理由が書かれていますが、全てを引用すると長くなるのでポイントだけ記載します。

・資産負債法にも繰延法にも一定の論拠があること
・資産負債法を採用すると回収可能性の判断が必要となり、企業によっては実務上多大なコストが生じる可能性があること
・棚卸資産の未実現損益は短期に実現することからIFRSとの比較可能性を必ずしも損なうことにはならないこと（そこまで重要性はない）
・企業分類に基づく回収可能性の判断によって、もともとIFRSに基づく繰延税金資産の計上額と異なる可能性があるため、必ずしも整合させる必要はないこと

　いろいろ書かれていますが、最も大きな理由は、「実務上多大なコストが生じる可能性がある」だと思います。日本基準にありがちな、実務に配慮した結果ではないでしょうか。

第**8**章

グループ通算制度での
税効果会計

第8章 1 グループ通算制度と連結納税制度の違い

● 連結納税制度からグループ通算制度への移行

2022年4月1日以降に開始する事業年度から、**連結納税制度**が**グループ通算制度**へ移行しています。両制度の大きな違いは、連結納税制度では親会社でまとめて申告・納付（連結申告）していたのが、グループ通算制度ではそれぞれの会社ごとに申告・納付（個別申告）することです。

そのため、繰延税金資産の計算に用いる税率が、従来は連結親法人の税率を使用していたのが、通算グループ内の各法人の税率へと変わります。

連結納税制度がグループ通算制度へ移行することについて、税効果会計の基準上での変更は大きくありません。

2021年8月12日に企業会計基準委員会（ASBJ）から実務対応報告第42号「グループ通算制度を適用する場合の会計処理及び開示に関する取り扱い」が公表されました。その中でも、従来の連結納税制度における実務対応報告第5号の会計処理及び開示に関する取り扱いを踏襲するとされています。

実務対応報告第5号等との関係

40. このように、連結納税制度とグループ通算制度とでは、全体を合算した所得を基に納税申告を親法人が行うか、各法人の所得を基にそれらを通算した上で納税申告を各法人が行うかなどの申告手続は異なるが、企業グループの一体性に着目し、完全支配関係にある企業グループ内における損益通算を可能とする基本的な枠組みは同じであることから、グループ通算制度を適用する場合の本実務対応報告の開発にあたっては、基本的な方針として、連結納税制度とグループ通算制度の相違点に起因する会計処理及び開示を除き、連結納税制度における実務対応報告第 5 号等の会計処理及び開示に関する取り扱いを踏襲することとした。

引用元：実務対応報告第42号「グループ通算制度を適用する場合の会計処理及び開示に関する取り扱い」

　さらに、グループ通算制度の初年度適用時においても、重要な影響は生じないと考えられることから、会計方針変更の影響はないものとみなし、会計方針の変更に関する注記を要しない、とされています。

---

32. 税効果会計の会計処理及び開示に関する経過的な取り扱いは、次のとおりとする。

(1) 連結納税制度を適用している企業がグループ通算制度に移行する場合、本実務対応報告の適用は、会計基準等の改正に伴う会計方針の変更に該当するが、会計方針の変更による影響はないものとみなす。また、会計方針の変更に関する注記は要しない。

引用元：実務対応報告第42号「グループ通算制度を適用する場合の会計処理及び開示に関する取り扱い」

　ただし、あくまでも会計基準上での変更が大きくないという話であって、実務上では繰越欠損金のスケジューリングなど、難しい論点がたくさんあります。

第8章

2 グループ通算制度での 税効果会計

● 税金の種類を区別して回収可能性を判断する

　連結納税制度の時と同じで、グループ通算制度の対象となるのは**法人税**および**地方法人税**であり、**住民税および事業税は対象外**です。そのため、税金の種類ごとに繰延税金資産の回収可能性を判断する必要があります。

　法人税は、**通算税効果額**の影響を考慮します。通算税効果額とは、損益通算することで減少する税額のことです。つまり、通算グループ全体の課税所得を見て企業分類を決定する必要があります。

　一方で、住民税および事業税は通算税効果額の対象外のため、通算会社の課税所得を見て企業分類を決定します。その結果、通算グループ全体の企業分類と通算会社の企業分類が異なる可能性が出てきます。

　実際のところ、通算グループ全体の通算会社の企業分類が一致していれば、グループ通算制度を採用しているか、採用していないかの違いは少なくなります。つまり、作業工数の観点からは、「企業分類が同じかどうか?」が重要となります。

● 将来減算一時差異における企業分類の決定

　法人税のみがグループ通算制度の対象ですが、その中でも将来減算一時差異と繰越欠損金で企業分類の決定方法が異なります。

（企業の分類に応じた繰延税金資産の回収可能性に関する取り扱い）

13. 個別財務諸表における繰延税金資産の回収可能性の判断を行うにあたっての企業の分類について、回収可能性適用指針第15項から第32項を適用する際には、次のとおり取り扱う（［設例4]）。

(1) 通算グループ内のすべての納税申告書の作成主体を1つに束ねた単位（以下「通算グループ全体」という。）の分類と通算会社の分類をそれぞれ判定する。なお、通算グループ全体の分類は、本実務対応報告第17項に従って判定し、通算会社の分類は、損益通算や欠損金の通算を考慮せず、自社の通算前所得又は通算前欠損金に基づいて判定する。

(2) 将来減算一時差異に係る繰延税金資産の回収可能性の判断については、通算グループ全体の分類が、通算会社の分類と同じか上位にある場合は、通算グループ全体の分類に応じた判断を行う。また、通算グループ全体の分類が、通算会社の分類の下位にある場合は、当該通算会社の分類に応じた判断を行う。

引用元：実務対応報告第42号「グループ通算制度を適用する場合の会計処理及び開示に関する取り扱い」

第8章

将来減算一時差異の企業分類の決定方法をまとめると以下のとおりです。

通算グループ全体の分類が通算会社の分類と同じか上位*	➡	通算グループ全体の分類
通算グループ全体の分類が通算会社の分類の下位	➡	通算会社の分類

*分類1を最上位とする

● 繰越欠損金における企業分類の決定

　グループ通算制度には「**特定繰越欠損金**」と「**特定繰越欠損金以外の繰越欠損金**」（以下、**非特定繰越欠損金**とする）の二つの欠損金があります。

　グループ通算制度を採用する最大のメリットは、**通算グループ内の赤字企業の繰越欠損金を使用すること**にあります。しかし、グループ通算制度の開始前に発生した繰越欠損金を無制限に使えるようにすると税収の面で不都合が生じます。したがって、一定の要件を設け、通算会社の所得に対してのみ控除可能としたのが**特定繰越欠損金**です。

　非特定繰越欠損金は、グループ通算制度の開始後に生じた繰越欠損金であり、通算グループ内の他の通算会社の所得からも控除することができます。

（企業の分類に応じた繰延税金資産の回収可能性に関する取り扱い）
13.(3)　税務上の繰越欠損金に係る繰延税金資産の回収可能性の判断において、特定繰越欠損金以外の繰越欠損金については通算グループ全体の分類に応じた判断を行う。また、特定繰越欠損金については、損金算入限度額計算における課税所得ごとに、通算グループ全体の課税所得は通算グループ全体の分類に応じた判断を行い、通算会社の課税所得は通算会社の分類に応じた判断を行う。

引用元：実務対応報告第42号「グループ通算制度を適用する場合の会計処理及び開示に関する取り扱い」

　特定繰越欠損金は、通算グループ全体の課税所得の見積額の合計（税務上の繰越欠損金控除前）と通算会社の課税所得の見積額（税務上の繰越欠損金控除前）のうち、いずれか小さい金額で控除されます。そのため、分類の判断をまとめると以下のようになります。

【特定繰越欠損金】

通算グループ全体の分類が通算会社の分類と同じか上位	➡	通算会社の分類
通算グループ全体の分類が通算会社の分類の下位	➡	通算グループ全体の分類

非特定繰越欠損金は通算グループ全体の分類に従います。

● グループ通算制度と連結納税制度における　繰越欠損金の計算方法の違い

グループ通算制度と連結納税制度では、繰越欠損金の解消額の計算方法が異なるため、スケジューリングによる繰延税金資産の回収可能額が変わる可能性があります。

具体的には、連結納税制度では、**損益通算前**の個別所得を限度に特定連結欠損金の控除額が計算されますが、グループ通算制度では、**損益通算後**の個別所得を限度に特定欠損金の控除額が計算されます。

次ページの表で具体的な計算方法を確認しますが、繰越欠損金についてはグループ通算制度になることでより複雑になったと感じています。

▼図8-1　グループ通算制度の場合

	P社	S1社	S2社	合計
通算前所得	1,500	500	-400	1,600
損益通算（※1）	-300	-100	400	0
通算後所得	1,200	400	0	1,600
損金算入限度額（連結所得×50%）（※2）	1,600*50%=800			
特定繰越欠損金額	0	600	200	800
非特定繰越欠損金額	1,000	0	0	1,000
損金算入される特定繰越欠損金額（※3）	0	400	0	400
損金算入される非特定繰越欠損金額（※4）	400	0	0	400
欠損金控除後所得	800	0	0	800
特定繰越欠損金残高	0	200	200	400
非特定繰越欠損金残高	600	0	0	600

※1　S2社のマイナス所得を、P社とS1社の所得の比で配分します。

P 社：△400×1,500÷2,000＝△300

S1社：△400×500÷2,000＝△100

※2　通算後所得1,600*50%=800を上限に繰越欠損金を使用します。

※3　特定繰越欠損金から控除します。特定繰越欠損金の損金算入限度額
　　は、S1社は通算後所得の400、S2社は通算後所得がゼロのため0に
　　なります。

※4　残った所得に対して非特定繰越欠損金を控除します。全体で800が
　　上限のところ、特定繰越欠損金を400使用しているため、残り400を
　　P社の所得から控除します。

▼図8-2 連結納税制度の場合

	P社	S1社	S2社	連結
欠損金控除前所得	1,500	500	-400	1,600
損金算入限度額（通算後所得 x50%）（※1）	1,600*50%=800			
特定繰越欠損金額	0	600	200	800
非特定繰越欠損金額	1,000	0	0	1,000
損金算入される特定繰越欠損金額（※2）	0	500	0	500
損金算入される非特定繰越欠損金額（※3）	300	0	0	300
欠損金控除後所得	1,200	0	-400	800
特定繰越欠損金残高	0	100	0	100
非特定繰越欠損金残高	500	0	200	700

※1 連結所得1,600*50%=800を上限に、各連結法人の個別所得の範囲内で使用します。

※2 特定繰越欠損金から控除します。特定繰越欠損金の損金算入限度額はS1社の個別所得の500、S2社は個別所得がマイナスのため0になります。

※3 連結所得の50%（800）から使用済み特定繰越欠損金500を控除した300の範囲内で使用します。

　両制度の違いをまとめると、欠損金控除後所得が800である点は同じですが、特定繰越欠損金を使用できる金額が、グループ通算制度だと400（通算後所得400）に対し、連結納税制度だと500（連結所得の50%（800）の範囲内かつS1社の個別所得500の範囲内）になります。図8-1及び図8-2の、枠で囲んだ部分が両制度の違いです。

　つまり、グループ通算制度のほうが利用制限のある特定繰越欠損金を利用できる金額が小さく、連結納税制度に比べて若干不利な結果となります。

第**9**章

後回し厳禁!
実は大変な注記の作成

1 注記のミスを極力減らすために

● 仕訳を作るだけでは安心できない

これまで大変な思いをして、繰延税金資産の計算をしてきました。しかし、まだ安心はできません。現在の日本基準で要求されている税効果会計の注記は、大きく次の三つです。

・繰延税金資産の発生原因別の主な内訳
・法人税等の負担率と実効税率との間の重要な差異
・税率の変更があった場合の影響額

いずれも**連結ベースでの注記**が要求されており、それゆえに集計や分析に時間がかかるのですが、だからといって後回しにすると痛い目にあいます。というのは、注記を作っている際に、数字の誤りに気づくことが多いからです。

特に、**税率差異の内訳の注記**は、単なる開示義務への対応にとどまらず、数字が合っていることを確認する「チェック機能」を持っています。

例えば、未払事業税に繰延税金資産を計上することを忘れていた場合でも、税率差異の不明差異を分析することで、計上漏れに気づくことがあります。これが単純に「間違いに気づけてよかった」とはならないことがあります。

企業のBS、PLが開示されるのは、**決算短信**が最初です。決算短信は期末日から45日以内、3月決算の企業であれば5月中旬までに開示されます。

それに対して、税効果会計の注記が必要なのは、**有価証券報告書**です。有価証券報告書は期末日から3ヶ月以内、だいたい6月下旬に開示されます。なので、注記は後回しでゆっくりやろうと構えていると、数字の間違いに気づいたところでもはや修正はできません。短信でBS、PLを開示済みだからです。

　どうにもならないほど金額が大きければ、決算短信の数字を修正するしか
ありません。企業にとっては屈辱的な問題で、経理部の責任問題にもなりか
ねません。もちろん監査人からしても、絶対に避けたい事態です。

　修正しなくても、なんとか耐えられる（金額に重要性がない）レベルであれ
ば、BS、PLを正として、それぞれの残高と整合するように無理にでも注記の
数字を調整するしかありません。当然望ましくはないのですが、後者のケース
はわりと多いのです。

　なので、理想を言えば、決算短信の開示前に税率差異の内訳の注記だけ
でも、できるだけ終わらせておくべきです。

　しかし、ここでさらに厄介なのが、税率差異の内訳の注記は、作るのが非
常に難しいことです。

　税率差異の内訳の注記を自前で作れないために、外部の会計事務所に委
託している企業はたくさんあります。本当にどうにもならない場合、監査人の
立場である会計士が半ば一緒に作るということも珍しくありません。会計士も
実は、税率差異の数字がぴったり収まるように毎回祈りながらチェックする、
ないしは作っているのです。

休んでいる暇はありません

第9章

● 注記を意識した情報収集のために

単体だけの注記であれば、そこまで工数はかかりません。税率差異の内訳を作るのは多少難しいところはありますが、社内にきちんと税金計算できる人がいれば、なんとかなります。

連結で難易度が上がる要因は、情報収集がうまくいかないことです。情報収集の方法は、企業によって、エクセルで作った連結パッケージを使っていたり、連結納税システムを導入していたりと様々です。

収集した情報がそのまま加工できればいいのですが、入力が間違っている、科目の粒度が違う、個社レベルでの十分な分析ができていない、というような問題が必ずと言っていいほど発生し、それゆえに溜まった情報の分析がうまくいきません。

情報収集にあたっての理想は、子会社が迷うことは一切しないことです。しかし、税効果会計の注記はそうはいかず、たぶん誰でも迷います。会計と税務の差異が多すぎるからです。どれだけ迷わないようにできるか、次のような、地道な改善を決算を重ねる都度、繰り返しするしかありません。

・科目名を統一する
・極力「その他」を使わずに済むように、科目を工夫する
・その他に大きい金額を入れるときは、内容を書いてもらう
・小さい金額は報告しなくて済むように、金額基準を設定する
・担当者をきちんと教育する

正直、近道はないように感じています。

繰延税金資産及び繰延税金負債の発生原因別の主な内訳の注記

● 繰延税金資産及び繰延税金負債の注記作成

　まずは、図9-1を参考に、実際に開示されている注記を確認しましょう。注記は、ディスクロージャーの専門会社である宝印刷の有価証券報告書から抜粋しました。繰延税金資産の内訳の注記は、最終合計の「繰延税金資産又は繰延税金負債純額」が連結BSの残高と一致するように作成します。

▼ 図9-1　繰延税金資産の内訳

1. 繰延税金資産及び繰延税金負債の発生の主な原因別の内訳　　　　　　（単位：千円）

	前連結会計年度 (2021年5月31日)	当連結会計年度 (2022年5月31日)
繰延税金資産		
退職給付に係る負債	172,321	151,191
役員退職慰労引当金	24,834	24,314
未払事業税	85,279	55,529
未払社会保険料	57,701	58,651
投資有価証券評価損	42,471	48,960
施設利用権評価損	5,053	―
連結子会社の繰越欠損金（注）	98,324	42,319
その他	109,299	126,522
繰延税金資産小計	595,286	507,491
評価性引当額	△ 97,713	△ 108,258
繰延税金資産合計	497,573	399,232
繰延税金負債		
未収事業税	―	△ 21,361
その他有価証券評価差額金	△ 319,862	△ 275,855
退職給付に係る資産	△ 71,188	△ 95,508
企業結合により識別された無形資産	△ 480,561	△ 432,027
繰延税金負債合計	△ 871,612	△ 824,753
繰延税金資産又は繰延税金負債（△）の純額	△ 374,038	△ 425,521

引用元：宝印刷株式会社　有価証券報告書 - 第85期 (2021年6月1日 - 2022年5月31日)

作り方について、連結BSの残高から逆算するようなスマートな方法があればお伝えしたかったのですが、残念ながら繰延税金資産を地道に積み上げる以外に方法が思いつきません。各社の繰延税金資産と、連結調整で増減した繰延税金資産をひたすら足し込む必要があります。

　そして、繰延税金資産の内訳を作る際に気をつけなければならないのが、評価性引当額を開示しなくてはならないという点です。**評価性引当額**は、**繰延税金資産の回収可能性の評価によって、繰延税金資産を取り崩した金額を示したもの**です。

　基準上で要求されている評価性引当額の開示事項は以下のとおりです。

4.　（注8）　**繰延税金資産の発生原因別の主な内訳**における評価性引当額の取り扱いについて

（1）　繰延税金資産の発生原因別の主な内訳を注記するにあたっては、繰延税金資産から控除された額（評価性引当額）（注5に係るもの）を併せて記載する。繰延税金資産の発生原因別の主な内訳として税務上の繰越欠損金を記載している場合であって、当該税務上の繰越欠損金の額が重要であるときは、繰延税金資産から控除された額（評価性引当額）は、税務上の繰越欠損金に係る評価性引当額と将来減算一時差異等の合計に係る評価性引当額に区分して記載する。なお、将来減算一時差異等の合計に係る評価性引当額の区分には、繰越外国税額控除や繰越可能な租税特別措置法上の法人税額の特別控除等を含める。

（2）　繰延税金資産から控除された額（評価性引当額）に重要な変動が生じている場合、当該変動の主な内容を記載する。なお、連結財務諸表を作成している場合、個別財務諸表において記載することを要しない。

引用元：企業会計基準第28号「税効果会計に係る会計基準」の一部改正

　評価性引当額を開示するためには、たとえ繰延税金資産を計上していない企業であっても、きちんと取り崩し前の繰延税金資産を計算し、評価性引当額と総額で表示する必要があります。繰延税金資産がゼロだから、何も開示しない、とはできないわけです。

　さらに積み上げ作業で1円まで完璧に内訳を作ると、非常に工数がかかります。そこで有効活用すべきは、**「その他」**です。つまり、**積み上げの合計とBS残高の差額を「その他」に寄せる**のです。もちろん、端数のレベルで済むように、大きい項目はあらかじめ潰す必要があります。

▼図9-2　（連結）繰延税金資産の内訳のワークシート例

繰延税金資産の内訳	親会社	子会社	連結修正	連結
未払事業税	100	20		120
賞与引当金	120	50		170
減価償却超過額	200	100		300
退職給付引当金	800			800
減損損失	150			150
未実現利益の消去			20	20
評価性引当額	△60	△170		△230
①合計	1,310	0	20	1,330
その他（②-①）	△10	0	0	△10
②BS残高	1,300	0	20	1,320

　順序を示すと、次のようになります。

第9章

① 未払事業税、賞与引当金、減価償却超過額、減損損失、退職給付引当金など、毎期必ず発生し、かつ、金額の大きい繰延税金資産をしっかり積み上げる。

② 繰延税金資産の積み上げ額と連結BS計上額との差額を、「その他」として把握する。

③「その他」の金額が大きい場合は追加調査し、別掲表示が必要なものがないかを確認する。

④「その他」が僅少になったら完成。

簡単に書きましたが、実際にやるとなると、本当に大変な作業です。

　まず、**個社ごとの繰延税金資産の内訳**がしっかり作れるかが問題です。例えば、第3章でも説明したとおり、実効税率は毎年段階的に変わる年もあります。図9-2の「繰延税金資産の内訳」で、減価償却超過額の数字を求めるためには、まずしっかりスケジューリングを行い、スケジューリングの解消年度ごとの実効税率をかけることで、ようやく計算が終わるわけです。

　また、図9-2の「子会社」は繰延税金資産を全く計上していませんが、それでも内訳を作る必要があります。それを知らず、子会社が何の報告もしてこないケースも珍しくはありません。もちろん、一時差異もこんなに少ないわけがないですし、子会社の数も1社だけということはないわけです。

　なので、最後は差額で調整するところが、邪道と言われてもやむなしだと考えています。よほど小さい企業でない限りは、全て積み上げで内訳を作るのは、至難のわざです。時間がいくらあっても足りません。

　繰延税金資産の内訳の注記は，雰囲気が出ていれば完成だと思っています。そもそも、繰延税金資産自体が見積りなので、そこに完全に正確な数字などありえないのです。全て積み上げで作ると、何か一つでも崩れたらアウトです。

全て積上げで作ると、何か1つでも崩れたらアウトです

3 税務上の繰越欠損金に関する事項の注記

● 繰越欠損金の注記作成

　繰延税金資産及び負債の発生原因別の内訳の注記に加えて、重要な繰越欠損金がある企業については、図9-3のように、**繰越欠損金に関する事項を注記**する必要があります。

▼ 図9-3　税務上の繰越欠損金に関する事項

（注）税務上の繰越欠損金及びその繰延税金資産の繰越期限別の金額

当連結会計年度（2022年5月31日）　　　　　　　　　　　　　　（単位：千円）

	1年以内	1年超2年以内	2年超3年以内	3年超4年以内	4年超5年以内	5年超	合計
税務上の繰越欠損金 (a)	—	—	—	—	—	42,319	42,319
評価性引当額	—	—	—	—	—	—	—
繰延税金資産 (b)	—	—	—	—	—	42,319	42,319

(a) 税務上の繰越欠損金は、法定実効税率を乗じた額であります。

(b) 税務上の繰越欠損金42,319千円（法定実効税率を乗じた額）について、繰延税金資産を計上しております。
　　当該繰延税金資産は、連結子会社に係るものであり将来の課税所得の見込み等により、翌年度以降に全額回収可能と判断しております。

引用元：宝印刷株式会社　有価証券報告書・第85期（2021年6月1日 - 2022年5月31日）

　繰越欠損金の情報が求められるのは、評価性引当額の対象となりやすく、税負担率の実績が実効税率と乖離する原因として挙げられることが多いためです。

　基準上の要求事項は以下のとおりです。

5.　税効果会計基準注解（注9）の定めを次のとおり追加する。

（注9）　繰延税金資産の発生原因別の主な内訳として税務上の繰越欠損金を記載している場合であって、当該税務上の繰越欠損金の額が重要であるときの取り扱いについて

繰延税金資産の発生原因別の主な内訳として税務上の繰越欠損金を記載している場合であって、当該税務上の繰越欠損金の額が重要であるときは、次の事項を記載する。なお、連結財務諸表を作成している場合、個別財務諸表において記載することを要しない。

（1）　繰越期限別の税務上の繰越欠損金に係る次の金額

① 税務上の繰越欠損金の額に納税主体ごとの法定実効税率を乗じた額

② 税務上の繰越欠損金に係る繰延税金資産から控除された額（評価性引当額）

③ 税務上の繰越欠損金に係る繰延税金資産の額

（2）　税務上の繰越欠損金に係る重要な繰延税金資産を計上している場合、当該繰延税金資産を回収可能と判断した主な理由

引用元：企業会計基準第28号「税効果会計に係る会計基準」の一部改正

第9章

4

税率差異の内訳の注記

● 税率差異の内訳の注記の作り方

　こちらもまず、実際に開示されている注記を確認します。同じく宝印刷の有価証券報告書から抜粋しました。

▼図9-4　税率差異の内訳の注記

2. 法定実効税率と税効果会計適用後の法人税等の負担率との差異の原因となった主要な項目別の内訳

(単位：千円)

	前連結会計年度 (2021年5月31日)	当連結会計年度 (2022年5月31日)
法定実効税率	30.6%	30.6%
(調整)		
交際費等永久に損金に算入されない項目	0.6%	0.6%
受取配当金等永久に益金に算入されない項目	△0.1%	△0.1%
住民税均等割	0.7%	0.7%
評価性引当額の増減	0.8%	△0.1%
役員賞与引当金繰入額	0.5%	0.4%
のれん償却額	2.2%	1.8%
連結子会社との税率差異	3.0%	0.7%
子会社税率変更による影響額	−%	1.8%
その他	0.2%	0.2%
税効果会計適用後の法人税等の負担率	38.5%	36.6%

引用元：宝印刷株式会社　有価証券報告書・第85期(2021年6月1日 - 2022年5月31日)

　税率差異とは、**実効税率と税負担率の差異**をいいます。

　実効税率とは今まで確認してきたとおり、繰延税金資産を計上するときに一時差異にかける税率です。**税負担率**とは、PLの税引前利益に対する税金費用（法人税等と法人税等調整額の合計）の比率です。

　有価証券報告書の注記では、最下部の「税効果会計適用後の法人税等の負担率」という長い名前が付いていますが、この本では**税負担率**とします。

　会計と税務の全ての差異に対して、繰延税金資産を計上している場合には、税率差異は発生しません。図9-5のように、実効税率が30％の場合、税負担率も30％となります。

▼ 図9-5　実効税率と税負担率が一致するPLの例

税引前利益①	1,000
法人税等	500
法人税等調整額	△200
税金費用合計②	300
税引後利益	70
税負担率（②÷①）	30.0%

　しかし現実には、繰延税金資産を計上しない差異が存在することで、実効税率と税負担率は一致しません。それは、交際費等の永久差異であったり、回収可能性がないと判断された一時差異であったり、税引前利益に影響しない税額控除だったりします。

　図9-6では、交際費（永久差異）が存在する場合のPLと税率差異の内訳を示しています。交際費の損金不算入によって、税額が20増加したケースです。

▼ 図9-6　交際費が存在する場合のPLと税率差異の内訳

税引前利益①	1,000	税負担率（②÷①）	32.0%
法人税等	500		
法人税等調整額	△180	交際費損金不算入	△2.00%
税金費用合計②	320	＝ 交際費20 / 税引前利益 1,000	
税引後利益	680	実効税率	30.0%

第9章

図の例では、差異の原因が交際費だけなので簡単です。しかし、税率差異の注記が難しいのは、**税率差異が発生する原因**があまりにも多すぎるからです。現実的に交際費だけということは、まずありえません。

　そして、税率差異の内訳の注記をさらに大変にしているのが、繰延税金資産の内訳の注記と同じく、連結ベースでの開示が必要な点です。

　そのため、税率差異の内訳の注記も、まずは重要な差異の原因に絞って積み上げで作成します。差異が小さくなれば、残りは差額で「その他」に寄せてしまうのも同じです。

　重要な差異の原因を絞り込むためには、そもそもの税率差異が発生する原因を、ある程度網羅的に知っている必要があります。そこで、税率差異の原因として考えられるものを、図9-7に列挙します。もちろん、どの項目が重要なのかは企業によって異なります。

▼ 図9-7　税率差異が発生する原因

項目	頻度
永久差異	
交際費	高
寄付金	
役員報酬	
役員賞与引当金	
受取配当金	高
外国子会社配当	
完全支配関係者間の寄付金と受贈益	
過少資本税制	
過大支払利子税制	
みなし配当	

のれんの償却費	
抱合せ株式消滅差損益	
タックスヘイブン対策税制	
加算税、延滞税、過怠税	
罰金及び科料	
損金算入外国法人税	
税引前利益に影響せずに税額を増減させる項目	
住民税均等割り	高
租税特別措置法上の税額控除（試験研究費など）	高
源泉所得税	高
外国税額控除	
税率の違い	
連結子会社の適用税率差異	高
中小法人等に係る軽減税率	
特定同族会社の特別税率（留保金課税）	
国外支店に係る所得	
連結納税	
法人税、住民税、事業税 それぞれの繰越欠損金の使用額の違い	高
その他	
期首クッション （会計上の未払法人税額と、実際の納付額の差異）	高
期末クッション （会計上の税金費用と、税金計算理論値の差異）	高
税務調査による更正額	
評価性引当額の増減	高
税率変更による繰延税金資産の増減	高
繰越欠損金の期限切れ	

第9章

　それぞれの内容を全て確認していくとそれだけで1冊の本になってしまうので、ここでは、図9-7の中の「その他」にある次の二つについて説明しましょう。

● 期首クッションと期末クッション

・**期首クッション**（期首の会計上の未払法人税額と、実際の納付額の差異）
・**期末クッション**（会計上の税金費用と、税金計算理論値の差異）

　この二つを選んだのは、登場頻度が高いことに加え、**クッション**が会計基準や税法に書かれるような正式な専門用語ではないからです。監査法人によって表現は違うとは思いますが、会計監査の現場でよく使われる言葉です。

　ここで言うクッションとは、「緩衝材」の意味です。最近ではほとんどなくなりましたが、過去には多くの企業で「想定外の税金の発生に備えるために、多めに未払法人税等を計上する」という実務が行われていました。本当は100の税金なのに、120の未払法人税等を計上することで、翌年以降の税金に20の緩衝材を残すイメージです。

　これを会計監査ではずっとクッションと呼んでいて、昔は容認することもあったようですが、今では明らかな税金計算の誤りとしてカウントされます。

　なので、**期首クッション**、**期末クッション**は、簡単に言ってしまうと**税金計算の誤り**ですが、その意味合いはだいぶ変わっています。

　過去のクッションは企業の意図的なものでしたが、今では純粋に税金計算のタイミングの問題で発生するものです。

　会計上で税金計算を終わらせるのは、税金の確定申告よりもずっと前です。決算短信によるBS、PLの開示後、確定申告までの間に、企業ないし監

査人が間違いに気づいても、よほど金額が大きくない限りは、会計の数字を
直すことはありません。間違いが翌期に繰り越されることになるのです。これ
が期首クッションの原因です。

　また、決算短信の開示前に税金計算の間違いに気づいても、金額が重要
でなく、かつ、間違いに気づいたタイミングが遅ければ直しません。こちらは
期末クッションの原因です。

　期首クッションであれば、前期の税金費用の誤りを当期に修正することで
税率差異になり、期末クッションであれば、あるべきと違う税金費用を計上す
ることで税率差異になります。

● 税率差異分析

次に、税率差異分析のワークシート例（図9-8）を確認しましょう。

▼ 図9-8（連結）税率差異分析のワークシート例

		差異の内訳（税額ベース）				差異の内訳 （税率ベース）
		親会社	子会社	連結修正	連結	
法人税等の理論値						
	税引前利益	1,000	260	△50	1,210	
	親会社実効税率	30.0%	30.0%	30.0%	30.0%	
	①税引前利益× 親会社実効税率	300	78	△15	363	30.0%
P/L法人税等						
	法人税等	150	100	0	250	
	法人税等調整額	300	△50	0	250	
	②税金費用合計	450	50	0	500	41.3%
③差異（②-①）		150	△28	15	137	11.3%
A	交際費	10	5		15	1.2%
A	受取配当金	△3	△3		△6	△0.5%
B	住民税均等割	5	2		7	0.6%
B	試験研究費の 税額控除	△30	△7		△37	△3.1%
B	評価性引当額の増減	160			160	13.2%
B	期首クッション	10	△5		5	0.4%
B	期末クッション	△5	△5		△10	△0.8%
A	のれんの償却			15	15	1.2%
C	子会社の 適用税率差異		△13		△13	△1.1%
④合計		147	△26	15	136	11.2%
差異の残り（③-④）		3	△2	0	1	0.1%

　実際に開示される注記のように、「税率ベース」での差異の内訳を表示するためには、最初に「税額ベース」での差異の内訳を作成する必要があります。税率ベースの数字は、税額ベースで作成した差異の内訳項目を、それぞれ連結税引前利益で割ることによって求めることができます。

　例えば、交際費「15÷連結税引前利益1,210＝1.2％」という具合に計算します。

　図9-8の「差異の残り」が、注記で「その他」として開示されます。つまり、**税率差異分析とは、いかに「その他」を少なくするかという作業**です。もちろん、実務でこんなにぴったり数字が収まることはまれです。たまたまプラスの影響とマイナスの影響でいい感じに消し合ったとか、どこかで強引に調整したとかで終わらせることが多く、1円単位までぴったり合わせることはほぼ不可能です。

　Aの項目は、交際費、受取配当金、のれんの償却費などの発生額に親会社の実効税率30％をかけて、税額ベースの影響額を記入します。図9-8では、すでに実効税率をかけた後の数字を記入したと考えてください。子会社の交際費であっても、親会社の実効税率をかけます。税率差異分析のスタート地点が親会社の実効税率だからです。親会社と子会社の実効税率の違いによる影響は、後述する「子会社の適用税率差異」に反映させます。

　Bの項目は実効税率をかけなくても、すでに税額ベースの影響額になっています。住民税均等割も試験研究費の税額控除も、直接税額を増減させる項目です。評価性引当額の増減は、イコール繰延税金資産の増減なので、法人税等調整額として直接税金費用に影響しています。

第9章

Cの「子会社の適用税率差異」は、次のとおり計算します。子会社の実効税率は25%と仮定します。

子会社の税引前利益×（子会社の実効税率－親会社の実効税率）

　つまり、「260×（25% -30%）=△13」です。
　なお、税率差異の注記は、差異の重要性が乏しい場合（差異が法定実効税率の100分の5以下）には、注記を省略できます。実際のところは、税率へのプラスの影響とマイナスの影響が消し合って、たまたま100分の5以下になることが多いだけなので、重要性がないかどうかは完全に運任せです。運が良ければ注記不要、というのもおかしな話だと思いますが。

● 税率の変更があった場合の影響額

　今までと同じく、実際に開示されている注記を確認します。宝印刷の有価証券報告書から抜粋している点も同じです。

---

3. 法人税等の税率の変更による繰延税金資産及び繰延税金負債の金額の修正
連結子会社である宝印刷株式会社は2022年4月25日付で資本金を200,000千円に増額したことにより、法人事業税の外形標準課税が適用となりました。これに伴い、宝印刷株式会社では繰延税金資産及び繰延税金負債の計算に使用する法定実効税率を34.6%から30.6%に変更しております。
この税率変更により、繰延税金資産（繰延税金負債の金額を控除した金額）が65,741千円減少し、法人税等調整額が同額増加しております。

引用元：宝印刷株式会社　有価証券報告書・第85期（2021年6月1日 - 2022年5月31日）

　以前は毎年のように税率が変更されていましたが、最近は税率変更がありません。しかし、税制改正以外でも税率が変わることがこの事例から確認できます。

　税率変更の影響額の計算方法について確認しましょう。
　計算方法は、「税効果会計に係る会計基準」の一部改正に書いてあるのですが、少しわかり辛い場所にあります。というのは、基準の本文ではなく、参考の税効果会計に関する注記例の中に書いてあるためです。

設例 7 税効果会計に関する注記例
（略）
（注）税率の変更による繰延税金資産及び繰延税金負債の金額の修正額は、期末における一時差異等の 残高に、改正後の税率と改正前の税率の差を乗じて算出する。

引用元：企業会計基準第 28 号「税効果会計に係る会計基準」の一部改正

　影響額の計算は、他のやり方でも問題ないと思いますが、この計算方法が簡単なのでおすすめです。

第9章

税効果会計と
減損会計の密接な関係

同じ利益計画を使う
税効果と減損

● 税効果と減損の利益計画で異なる点は?

　繰延税金資産の回収可能性を評価するうえで、利益計画が重要であることはすでにお伝えしました。

　固定資産の**減損会計**においても、同じく利益計画が最も重要です。減損会計では、**固定資産の投資額と将来の回収額を比較し、回収できないと見込まれる金額を減損損失として計上**します。将来の投資回収額の基礎になるのは、もちろん利益計画です。

　両者の利益計画は基本同じになるのですが、違いがあるとすれば、減損会計における**グルーピング**です。

> 資産のグルーピングは、他の資産又は資産グループのキャッシュ・フローから概ね独立したキャッシュ・フローを生み出す最小の単位で行う。
>
> 引用元:固定資産の減損に係る会計基準

　減損会計では、A事業、B事業ないしA工場、B工場というように固定資産をグルーピングするので、それぞれの利益計画を作成し、採算を見ていきます。

　それに対して繰延税金資産は、企業で一つの利益計画です。なので、減損はするけど繰延税金資産の取り崩しはしない、という場合もあります。ただし、このケースは減損するビジネスが企業にとって重要でない場合に限られるため、減損損失の金額自体もたいしたことにはなりません。

　主要ビジネスであれば、当然、企業全体の損益が傾き、その結果、繰延税金資産の取り崩しにつながります。A事業は傾くけど、B事業でリカバリー

するような利益計画も、そんなに都合よくは描けないのです。

　また、グルーピング自体、きっちり分けられない企業も存在します。全く別のビジネスをしていればいいのですが、たいていはＡ事業とＢ事業が相互に補完し合っているので、利益計画をうまく切り分けられないのです。

　それゆえ、税効果会計用と減損会計用の利益計画は同じになることのほうが圧倒的に多いと感じています。

● 減損が崩れれば税効果も崩れる

　減損会計と税効果会計、この二つはリンクしています。多くのケースで、固定資産を減損すれば、繰延税金資産も取り崩すというダブルパンチで損失が膨らみます。

　現在の会計はレバレッジが効きすぎていて、突然巨額の損失を計上することがあります。その理由は、この二つの会計基準が理由だと言っても過言ではありません。

　ここで、第2章で確認した東芝の決算説明会資料を、再度引用します。

［損益］

　原子力、TGCS、送変電・配電・太陽光等を中心に、年間で 4,521 億円の資産評価減を計上。また、16 年度からの黒字転換を確実にすべく、構造改革費用 1,461 億円に加え、不採算案件の引当および棚卸資産の評価減 1,414 億円を計上。この結果、営業損益は過去最大の赤字となる▲ 7,087 億円。
当期純損益については、東芝メディカルシステムズの売却益 3,752 億円を非継続事業からの利益として計上したものの、東芝および連結子法人にかかる繰延税金資産の取崩し▲ 3,000 億円により、過去最大の赤字となる▲ 4,600 億円。

引用元：株式会社東芝　2015年度決算説明会資料

東芝が不正によって隠蔽していた金額は、2008年度から2014年度までの7年間で1,562億円でした。それに対して、固定資産の減損と繰延税金資産の取り崩しで、合計7,521億円の損失を計上しています。つまり、東芝の不正の影響は、不正の金額そのものよりも、強引な利益計画が認められなくなったことによる減損会計と税効果会計への影響のほうが、遥かに大きかったということです。

　そして、不正が発覚しなければ、いまだに損失計上されず、固定資産と繰延税金資産はBS上で「資産」として計上され続けていたはずです。というのは、固定資産の減損をするかしないかには、経営者の意思が大きく影響するからです。

⬤ ますます厳しくなった減損会計と税効果会計への監査法人の態度

　固定資産の減損の検討は、繰延税金資産の回収可能性の判断よりもずっと難しいものです。グルーピングした単位毎に将来の利益を見積もる必要があることから、減損会計のほうが、さらに見積り要素が多いのです。それゆえ、従来は固定資産の減損は「経営者の望んだ結果になりやすい」と考えられていました。

　これは実務を経験している人であれば、誰もが感じていることですが、よほど少額でもない限り、生真面目に「成り行き」で減損するようなことはありません。ある程度は、得たい結果を考慮したうえで減損損失がいくらになるかをテストします。

　しかし、東芝の不正会計以降、減損を意図的に回避するような都合の良い見積りや前提条件に対して、監査法人の態度はますます厳しくなったと言えるでしょう。特にそのきっかけとなっているのが、前述した**KAM**になります。繰延税金資産の回収可能性と同時に減損会計が挙げられることが多く、もちろん監査上の最重要項目と言えるでしょう。

● 巨額損失を計上するタイミング

　企業が巨額の損失を計上するときには、だいたいタイミングを見計らっています。その代表例は、経営者が変わったときです。

　東芝の例や、古い例だと、2000年3月期の日産が有名です。取締役に就任したばかりのゴーン氏が、巨額の「**事業構造改革特別損失**」を計上（費用を前倒し計上）することで、翌年以降「絶対に利益が出る」ようにしました。巨額損失を前の経営者の責任にできるからです。今では絶対に認められない会計処理でしょうが……。

　経営者の交代以外では、リーマン・ショックのような大不況、天災といったやむを得ない事態にでもならない限り、自主的に減損したい経営者は皆無です。会計基準に厳密に照らせば損失を計上するタイミングを計るのはもちろんNGです。しかし、あくまでもグレーの範囲内であって、企業の意思決定と合理的な根拠を準備できれば不可能ではありません。

2 のれんの減損は経営者の 意思に左右される

第10章

● 判断に迷いやすい「のれん」

あらゆる会計の中で、最も判断が難しいと感じているが**「のれん」**です。のれんを図で示すと、図10-1のようになります。要は、**取得価額と買収した企業の純資産（時価評価後）の差額**で、買手のBSにのれんとして計上されます。

のれんに価値があるのは、投資先の超過収益力や経営権といった目に見えない価値が評価された結果だとされています。

▼ 図10-1 のれんのイメージ

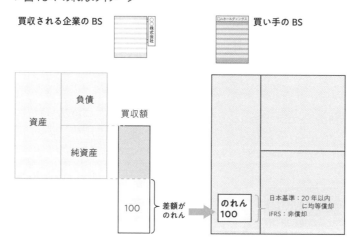

のれんの特徴は、金額が巨額になりやすいことです。のれんの金額が大きければ大きいほど、企業に体力がなければないほど、減損テストをする前から、減損するという選択肢はゼロです。どれだけ正論を言おうが、無理なものは無理です。絶対に落とせません。

そこで監査現場で何が起きるかというと、達成できそうにない将来利益計

180

画でも、「なんとか行けそうだ」というレベルまで理由付けをするという作業が始まります。

　監査の厳格化は進んでいますが、比較的、減損せずに踏ん張ることは可能です。なぜなら、繰延税金資産の回収可能性の評価よりも、ずっと見積り要素が大きいからです。

　大きな要素としては、次の二つです。

① 割引率次第で評価結果が大きく変わること
② 見積り期間が長期に及ぶこと

　①の**割引率**には通常、加重平均資本コストと呼ばれる**WACC（ワック）**を用います。このWACCが見積りの塊で、数％程度であれば簡単に動かすことができます。しかも割引率は複利で適用されるので、数％の差がとても大きな差になります。例えば、10年後に100と見積もられたキャッシュ・フローを現在価値に直すとき、割引率によって次のように結果が変わります。

・5％の場合、61.39
・8％の場合、46.32
・10％の場合、38.55

　当然、減損テストへの影響は非常に大きいです。

　②の見積り期間は、繰延税金資産ではせいぜい5年でした。しかし、のれんでは永遠に企業が続くと仮定して見積りを行います。または期間を区切る場合でも、20年と長期になることが多いのが特徴です。

第10章

利益計画はどんなにがんばっても、せいぜい5年しか作れません。なので、6年目以降は5年目の利益が続くと仮定することになります。ということは、5年目の利益をいくらにするかがキモになるということです。

　当然のことながら、5年後も赤字が続くと予想する経営者はいないわけで、当初2年が赤字でも、3年目に急回復して黒字化、4年目、5年目は安定成長という利益計画を描くことになります。不思議なことに、どの企業でも例外なくこのパターンで利益計画が作られます。そしてこれを否定すると、「お前はビジネスがわかっていない」と言われるわけです。会計士の辛いところです。

　というわけで、どんな赤字企業でも利益計画でV字回復させれば、のれんに価値ありという結論を導くことができるのですが、でも冷静に考えてみてください。「1年後もどうなるかわからない」と、ほとんどの企業が言っている中で、5年後の利益を見積もることなどできるのでしょうか？　ましてや、その利益が永遠に続くかなんてわかるのでしょうか？

　つまり、のれんの評価が正しいと胸を張って言える人は、厳密には誰もいないということです。

企業の利益計画は、まさにお決まりパターン

会計基準で、3年目の黒字化を禁止したいぐらいです

のれん償却 vs 非償却　終わりのない議論

　日本には、幻の会計基準が存在します。企業会計基準委員会（ASBJ）が2015年6月30日に公表した、**修正国際基準（JMIS）***です。

　ではJMISとは何かと言うと、会計基準のベースはIFRSですが、IFRSでは日本基準としてどうしても容認できないところを修正してしまった会計基準です。
　なぜ幻かというと、私の知る限り1社も適用していないと思われるからです。 JMISは、IFRSではないという点で何一つ日本基準と変わらないことから、企業がJMISを適用するメリットはありません。

　話を戻しましょう。 JMISで修正されたのは次の二つです。

①のれんの会計処理
・IFRSは非償却
・JMISは償却
②その他の包括利益の会計処理
・IFRSはノンリサイクリング（その他の包括利益をPLに戻さない）
・JMISはリサイクリングする（その他の包括利益をPLに戻す）

　ここで注目したいのは、のれんを償却すべきか、非償却とすべきかという議論です。 JMISでわざわざIFRSを修正しているとおり、日本基準は償却すべきという立場をとっています。私も償却すべきと思っています。
　しかし、現状で世界の主要マーケットでのれんを償却しているのは、日本だけです。

第10章

* **JMIS**　Japan's Modified International Standards

▼図10-2　のれんの会計処理

	会計基準	のれんの会計処理
米国	米国会計基準	減損のみ（非償却）
欧州	国際会計基準（IFRS）	減損のみ（非償却）
日本	日本会計基準	償却及び減損

　減損しない限り、のれんはいつまでも費用化されません。つまり、取得時の価格のままBSに居座り続けることになります。

　のれん非償却が採用できるのは、減損テストが適切に運用されることが前提となっているのです。**IASB** ＊（IFRSの設定を行っている機関）がのれんを償却しないと言っている理由を、JMISから抜粋しました。

13.　しかし、IASBにより、次の理由からIFRS第3号（2004年）においてのれんを非償却とすることが決定された（IFRS第3号（2004年）BC140項及びBC142項）。

(1)　取得したのれんの耐用年数及びのれんの減価のパターンは、一般に予測不能である。恣意的な期間でのれんの定額償却を行っても、有用な情報を提供することはできない。

(2)　のれんが資産である場合、（例えば広告と顧客サービスに資源を費消することなどによって）企業がのれんの全体的な価値を維持できる場合には、企業結合で取得したのれんが費消され、自己創設のれんによって置換されるということは事実である。しかし、企業結合後における支出により創出される自己創設のれんが認識されない状況において、企業結合で取得したのれんの費消を表す償却費の有用性については疑問がある。

(3)　厳格で実用的な減損テストを開発できれば、のれんを償却しなくても、財務諸表利用者に、より有用な情報を提供することができる。

引用元：企業会計基準委員会による修正会計基準第1号「のれんの会計処理」

＊ **IASB**　International Accounting Standards Board（国際会計基準審議会）

この理由に対する私の考えは、次のとおりです。

(1) は、のれんに限らず、普通の有形固定資産であっても耐用年数及び減価のパターン（減価償却方法）は予測が難しいです。有形固定資産は、税法耐用年数によって償却期間が一律に決められているから恣意性がないだけです。なので、のれんの償却期間も一律で決めてしまうのがいいと思います。

(2) の理由は難しいです。のれんの資産価値が維持できるのはなぜか、という話です。まず、**自己創設のれん**とは、**日々の企業努力で積み上げられた信用やブランド**などを意味します。企業が何もしなければ、のれんは自然に減価するのですが、実際は企業活動を通じて自己創設のれんが認識されることで、今ののれんに置き換わり価値が維持されると考えられています。

しかしここで問題なのが、**自己創設のれんはお金で測ることができない**ことです。それゆえ、資産計上できません。IASBは、「だったらのれんの償却もなしでいいんじゃないの?」という主張です。かなりまわりくどい言い方をしていますが、私もこの点だけは、その通りかなと思います。

(3) が一番の問題でしょう。減損テストをする前から結論が決まっていることがほとんどです。厳密な減損テストは本当に難しいです。

しかし、のれん非償却派の言い分もよく理解できます。買収した企業が想定通りの利益を出していれば、のれん償却費は確かに不要です。投資の価値は上がっているので、費用を出す理由がないのです。

普通に株に投資した場合、時価が取得価額より上であれば、損失はありません。なので、正しい業績評価をするには、のれん償却費は差し引いて見

るべきという考えは、まさにその通りなのです。

　このように、税効果会計と減損会計は密接な関係にあり、どちらか一方だけが議論になることはほとんどありません。

　それゆえに、税効果会計を担当すれば減損会計にも関与することになり、さらにその結果が、企業の数字に大きな影響を及ぼします。

Index

参考

本書で参照した会計基準の一覧、引用した会計基準等の名称、公表日または最終改正日

「税効果会計に係る会計基準」（企業会計審議会）
1998 年 10 月 30 日

企業会計基準第 28 号「税効果会計に係る会計基準」の一部改正
2018 年 2 月 16 日

企業会計基準適用指針第 28 号「税効果会計に係る会計基準の適用指針」
2018 年 2 月 16 日

企業会計基準適用指針第 26 号「繰延税金資産の回収可能性に関する適用指針」
2018 年 2 月 16 日

実務対応報告第 42 号「グループ通算制度を適用する場合の会計処理及び開示に関する取扱い」
2021 年 8 月 12 日

企業会計基準第 18 号「資産除去債務に関する会計基準」
2008 年 3 月 31 日

「固定資産の減損に係る会計基準」（企業会計審議会）
2002 年 8 月 9 日

企業会計基準委員会による修正会計基準第1号「のれんの会計処理」
2018 年 4 月 11 日

本書は 2016 年小社刊 『現場のための実践！税効果会計～知らなきゃハマる実務のツボ～』 に、 大幅に加筆・修正・再編集をしたものです。

おわりに

　本書は、会計基準を読むだけでは知ることのできない、リアルな現場の姿をお伝えしたいと思い執筆しました。

　主に私が現場で直面した論点を中心に書いているため、税効果会計の全ての論点を網羅できているわけではありませんが、よく登場する論点は網羅できたのではないでしょうか。

　私もいまだに税効果会計には苦しめられています。そして、これからも税効果会計の重要度や難易度が下がることはないでしょう。

　税効果会計の中でも、繰延税金資産の回収可能性の判断は見積りであり、正しい結果は一つではありません。常に複数の結果が考えられ、その複数の結果に対して経営者が判断をし、結論を出す必要があります。

　私が公認会計士になったばかりの監査の現場では、経営者が欲しい結果に対して、監査人と企業で一緒になって合理的な理由付けを考えていました。しかし、今では経営者が欲しい結果のための理由付けは企業だけで考える必要があり、その結果に対して監査人が可否を判断します。企業によっては、監査人が昔に比べて非協力的になったと愚痴をこぼされることもありますが、これが監査の本来あるべき姿である以上、以前の姿に戻ることはありません。そして、経営者が欲しい結論と現実とのギャップが大きければ大きいほど、経理の現場は苦しくなります。

　しかしながら、税効果会計を任せられ、それこそ苦しい現場を経験すればするほど、どのような企業でも通用する人材になれるはずです。

　ともに税効果会計に立ち向かう同志として、本書が読者の皆様の実務の一助となれば、これ以上の喜びはありません。

令和 4 年 12 月吉日　藤原常烈

◎著者紹介

藤原 常烈（ふじわら つねやす）

藤原公認会計士事務所代表。日本公認会計士協会所属。
2002年に中央青山監査法人（現、PwCあらた有限責任
監査法人）へ入所。監査チームマネージャーとして製造
業の監査、アドバイザリー業務を中心に関与する。
2014年に独立して藤原公認会計士事務所を設立。会計
監査、経理支援、内部統制構築支援、非常勤監査役な
ど、対応業務の幅は多岐にわたる。
著書に『現場のための実践！税効果会計〜知らなきゃハ
マる実務のツボ〜』（秀和システム）がある。

イラスト：高橋 康明
校正・校閲：聚珍社

現場で使える税効果会計の教科書

発行日	2023年1月9日	第1版第1刷

著　者　藤原　常烈

発行者　斉藤　和邦
発行所　株式会社　秀和システム
　　　　〒135-0016
　　　　東京都江東区東陽2-4-2　新宮ビル2F
　　　　Tel 03-6264-3105（販売）Fax 03-6264-3094
印刷所　三松堂印刷株式会社　　　　Printed in Japan

ISBN978-4-7980-6877-0 C2034